監査役の矜持

曲突徙薪《きょくとつししん》に恩沢《おんたく》なく

岡田譲治
加藤裕則
著

同文舘出版

はじめに

「監査役のヒーローはいないんですか」

日本監査役協会の会長を務めていたとき、新聞社・テレビ局の論説委員との懇談会に出た際、とある報道機関の幹部に聞かれたことがある。「ヒーローはいらないんです。監査役は『曲突徙薪《きょくとつししん》に恩沢《おんたく》なく』でいいんです」（viii頁参照）。私はそう答えた…。

「監査役や管理部門の役割はそういうものです。何も起きなくていいんです。やるべきことをやっているなら、何も起きなかったことに自信を持つべきなんです」と説明した。

「曲突徙薪」という言葉と出会ったのは、三井物産の経理財務担当の副社長兼ＣＦＯ（最高財務責任者）をしていた頃だった。この故事は「災難を未然に防ぐこと」の重要性を伝えるものだ。長年、企業の第2のディフェンスライン（財経部門）を務めていたものの実感からいえば、どうしても人間というものは、事態の発生を予防するものを評価せず、何か事態が発生したときに派手に振る舞うものを優遇しがちである。

三井物産の社員・役員として過ごした45年間、一貫して会計・財務部門を歩いた。入社したのが1974年で、配属されたのが会計課だった。商社なので営業をやると思っていたのでがっかりした。大学は経済学部だったが、簿記も会計も知らなかった。そろばんを習ったが、なかなか上達せず、指導役の社員に呆れられたのを覚えている。

4年目の1978年、米国転勤の話があった。後で聞くと、超多忙でいくら残業しても大丈夫な若手を求めていたというが、ここで人生が変わった。

米国基準の会計に初めて触れ、日本の会計との違いに驚いた。リース会計や税効果会計や連結決算など、日本ではまだ普及していなかった会計の実務を数多く学んだ。米国の会計は企業の実態を正確に表わそうとしていると感じた。

また、ニューヨークは職場が小さいので、身近に内部統制・リスク管理の教材がある。

「日本から相場の神様を連れてきた」「連戦、連勝らしい」との触れ込みで、コーヒーの商売を担当する日本人社員が転勤してきた。コーヒーの取引は実物の売り買いと同時に、その価格変動リスクを回避するために先物取引を行う。あるとき、米国の相場が急落した。「相場の神様」といわれたこの社員も先物買いの取引で多額の損失を出した。だが、そこは「神様」だった。「先物取引はヘッジ取引（リスク回避）であり、相場が下落しても高値で特定の顧客が買ってくれる契約になっている」と周囲に説明し、その契約書も見せたのだった。ところが、上司が「こんなに相場が下がっても高値で買ってくれる顧客にはお礼に行かなければ」と告げると、その社員は観念した。高値で買ってくれる話は架空だった。契約書も偽造したという。

私は近くでこのやりとりを見聞きし、人間の弱さと哀しさを感じた。「人間は1度不正に手を染めてしまうと、なかなか本当のことがいえない」、「契約書などを鵜呑みにするのではなく、念のため相手先に確認する」ということが信条になった。

その後、私の会社員人生に強烈な印象を与えた2つの出来事がある。2002年から立て続けに三井物産で起きた2つの不祥事だ。

1つは2002年夏、北方領土の国後島を舞台にしたディーゼル発電の施設工事の入札をめぐる事件だ。偽計業務妨害罪に問われて社員が逮捕・起訴された。衆院議員の鈴木宗男氏や、外務省の主任分析官だった佐藤優氏らも逮捕・起訴され、社会的な関心を呼んだ。同年9月、当時の社長の清水慎次郎氏は責任をとって辞任した。

そのわずか2年後、清水氏の後を継いだ社長の槍田松瑩氏をDPFの偽装問題が襲った。DPFとは、ディーゼル車向けの粒子状物質減少装置のことで、東京都の指定承認を受けるため、虚偽の試験データを作成して提出し、社員が逮捕・起訴されたという事件だ。

槍田氏はこの2つの不祥事を受け、利益至上主義から決別しようと全社員に呼びかけた。自らの仕事について顧みるよう求め、「世の中に役立つのか」「お客さまに有益なのか」「自分の納得感はあるのか」との3つの問いを投げかけた。社員と車座になって食事をしながら語り合った。

私は2つの事件には直接関わってはいない。しかし、当時、「よい仕事」という言葉が会社の合言葉になったことをよく覚えている。「家族にこういう仕事をしていると、堂々といえるか」と社内で何度も問われた。各職場でワークショップが催され、再発防止に向けて議論を重ねた。

儲けることは大切だが、それも社会のおかげだということを痛感した。不祥事があったからよかったとはいえないが、いまでいうコンプライアンスやガバナンスを必死に考えるようになった。

２００8年に執行役員（経理部長）になった。この頃、こんなことがあった。会社はあるメーカーから相当数の在庫を引き取っていた。「メーカーは売り切った形にしているのでは」と不審を抱いた。担当部署に「これはそのメーカーの在庫なんだよね？　うちは単に預かっているだけだよね？」と何度も確認させた。さらに預かりの契約書を見ると、工場の幹部社員のサインだったので、それを役員のサインに変更してもらった。担当部署からは「取引に影響が出る」と苦情もあった。それでも、粘り強く、自分が納得するまでリスク回避に動いた。ほどなくそのメーカーは経営破綻した。その後、不良在庫を隠し続けていたことが発覚した。会社はかろうじて難を逃れたのだった。どこの会社でも、経理・財務は花形ではない。それでも「経理を軽視している会社はだめになる」と感じている。

監査役になったのは２０１５年6月だ。

監査役とは、役員の仕事をチェックし、違法なことはしていないか、効率よくやっているか、などを調べる仕事だ。社長も監査の対象だ。ある意味で、社長よりも格上だ。ただ、「上がりのポスト」とされ社会の評価は決して高くはなかった。私はそれでも満足だった。

監査の「監」は、水を張ったたらいを上から見ている様子をかたどったもので、転じてよく見えるというところから見張るの意味になったといわれる。この漢字の意味のように会社の真実を映す鏡となり、不祥事を防ぎ、よりよい会社にできれば、それで十分だった。

２０１7年11月には、日本監査役協会の会長に就いた。

このとき、腐心したのが、協会の組織づくりだ。実務の指針となる情報を発信し、ときには相談業務もこなす。制度が変わるときにはシンクタンクの役割も担う。監査役らの立場を擁護し、監査役がその権限を存分に生かせるよう政策要望もする。特にこの十数年、監査機能の拡充や社外取締役の導入といったガバナンスに関する制度改革が続いた。協会職員の能力や意欲を高めることが急務となっていた。

協会は少数精鋭の集まりだった。一方で、監査役協会の役員は大企業の監査役らで、それを生え抜きの職員が支えるという構図である。職員の昇進にも限界があり、組織運営上の課題も見え隠れしていた。まず職員の本音を聞きたいと思い、夜に全員を自腹で食事に連れ出した。職員の意欲を高めるには、公平な人事制度が不可欠だと考え、着手した。

同時に、協会の会長として、時間の許す限り、外部と交流した。日本公認会計士協会や日本弁護士連合会、金融庁の幹部や大学教授と会って意見を交わした。シンポジウムやセミナーにも積極的に登壇し、監査役制度の課題と期待感について、自らの言葉で正直に伝えた。

こんな活動を横で見ていたのが、朝日新聞の記者、加藤裕則氏だ。三井物産の監査役と日本監査役協会の会長を退任したころ、加藤氏から、コーポレート・ガバナンスに関する私の発言や思いをまとめた本を書いてみたい、との話をいただいた。

経営者を規律づけ、会社を動かす仕組みであるコーポレート・ガバナンスはこの十数年間で大きく変わった。会社法が何度も改正され、２０１５年には日本取引所のコーポレートガバナンス・コードも登場した。官公庁からは様々な報告書が公表され、実務に影響を与えている。そして、いまも刻々と改正に向けた様々な議論が行われている。しかし、その分だけコーポレート・ガバナンスの世界は複雑になっている。基盤をなす法律も、会社法と金融商品取引法の2つがあって、非常にわかりにくい。さらに、わが国の成長戦略の一環として策定された経緯もあり、政治・経済界からも注目されている。またプロの投資家からの要求も年を追うごとに厳しくなっている。

このままでは、一般の投資家を置き去りにして専門家しか立ち入れない世界になってしまいかねない。どんな分野においても、中に閉じこもっていては成長しない。その複雑な世界を、企業の会計や法務、総務部門の人たちだけでなく、一般の読者にも知ってほしいと思い、加藤氏の提案を受け、2人で本の構想を練っていった。

主に私が金融庁の「スチュワードシップ・コード及びコーポレートガバナンス・コードのフォローアップ会議」などで発言した内容をテーマごとに分類して各章の冒頭に置き、その章を構成していくことにした。1つの発言だけではなかなか意図がわからない。発言の背景にある産業界の抱える課題や、会社組織のあり方などを加藤氏とともに解説することを目指した。結果、加藤氏が私へのインタビューや様々な会議における発言をベースにしつつ、精緻なリサーチと独自の取材などで得た情報を加えて原稿にまとめ上げ、さらに私と加藤氏で読み合わせをしながら修正を加え本書を仕上げていった。

読者を道案内するつもりでまとめたものだが、道を誤ってしまったり、つまずいたりしてしまうこ

※　コーポレート・ガバナンスの議論で、監査役、監査委員、監査等委員の３つの役職を示す言葉として「監査役等」が使われていますが、本文中では「監査役たち」もしくは「監査役ら」という表現にしています。

ともあるかもしれない。それでも読者と一緒に前に進みたいと思っている。

恩沢がなくても、曲突徙薪を続ける。これは監査役や経理部門に限らない。総務や法務を含め、あらゆる会社の現場は、そんな愚直な人たちによって支えられている。曲突徙薪はあらゆる所にある。だからこそ、監査役制度を含むコーポレート・ガバナンスは、そんな市井の人たちのためにあってほしいと筆者らは願っている。

なお、本書の執筆にあたって様々なご助言をいただいた大原大学院大学教授・青山学院大学名誉教授の八田進二氏には、深く感謝申し上げます。

そして最後に、共に作業を行ってきた加藤裕則氏に対し、心より御礼を申し上げたい。加藤氏の熱意と根気強い資料調査なくして、本書の出版はあり得なかった。

岡田　譲治

曲突徙薪《きょくとつししん》に恩沢《おんたく》なく、
焦頭爛額《しょうとうらんがく》を上客《じょうきゃく》となすや

ある家の前を通った人が、竈《かまど》の煙突がまっすぐで、かたわらに薪《まき》が積んであるのを見て、その家の主人に、火事の危険性があるから、煙突は曲げて外側に向け、薪は煙突から離れた場所に移した方がいいですよ、と忠告しました。しかし主人は、その忠告を無視して何もしませんでした。やがて、本当に火事が起きてしまいます。幸いにも近隣の人々のおかげで火を消し止めることができました。そして主人は、その際に頭を焦がし、額を爛《ただ》れさせながら消火を手伝ってくれた人に大変感謝して、もてなしたということです。しかし、火事の危険性を忠告した人はそこに招かれることはありませんでした。

「曲突徙薪」とは、『漢書』の中に記されたエピソードの1つであり、災難を未然に防ぐという意で理解されています。しかしその基となった上記のエピソードでは、忠告は受け入れられず結果的に火事になってしまいます。さらに、火事が起きた際に火消しに取り組んだ隣人たちは感謝され、事前に忠告をしていた人物は何の恩恵も受けられません。まさに「監査役」の役割を彷彿させる物語りではないでしょうか…

目次

第2部　ガバナンス最前線

第3部 問われるガバナンス

第4部　現場から考える

第9章　関西電力で監査役は何をしなかったのか——177

第5部 かがやける監査役に

監査役の矜持

―曲突徙薪に恩沢なく―

第1部

…

監査役のなぞ

第1章

監査役はだれが決めるの？
経営者、それとも監査役

「私の提案としては、監査役候補者の選任は監査役会の責任において行うこと。その決定に当たっては、監査役会と指名委員会の協議を経て決定するというようなことを何らかの形で表現していただきたい」

（2020年10月20日、金融庁の「スチュワードシップ・コード及びコーポレートガバナンス・コードのフォローアップ会議」第20回の会合で）

監査役と監査役制度に携わる人たちが真剣に向き合わなければいけない会社法の条文がある。343条で、監査役の選び方について規定した条文だ。条文のタイトルには「監査役の選任に関する監査役の同意等」とある。

監査役を決めるのはだれなのか。形式的には、取締役と同じように株主総会で株主の投票によって選ばれる。だが、どこの企業にも一定数の安定株主がいて、よほどの不祥事でもない限り、総会に提案された人事案はそのまま承認される。

では、総会に提出される取締役や監査役らの選任議案はだれが出すのか。それは取締役会だ。では、取締役会を束ねるリーダーはだれか。それは一般に代表取締役の肩書を持つ社長だ。なので、監査役は社長が決めている、とみな思っている。

ただ、343条にはある仕掛けがほどこされている。タイトルにもあるように、監査役の同意権という手続きだ。1項にこうある。

「取締役は、監査役がある場合において、監査役の選任に関する議案を株主総会に提出するには、監査役（監査役が二人以上ある場合にあっては、その過半数）の同意を得なければならない」

会社の社長は、新たな監査役を株主総会に提案するとき、現在の監査役の同意を得る必要がある。これをしないで株主総会に出せば、議案は違法なものとなる。この1項で、監査役は拒否権を持っていることが明白になっている。

ただ、よく考えてみると、同意権や拒否権では、社長が監査役を選ぶことを前提にしている。監査役が自ら次の監査役候補を探すことではなく、社長が選んだ人についてそれでいいかどうかを見極める役割のようだ。

しかし、343条2項にこんな一文がある。

「監査役は、取締役に対し、監査役の選任を株主総会の目的とすること又は監査役の選任に関する議案を株主総会に提出することを請求することができる」

これは明らかに同意権ではない。監査役に同意権を超えた力を与えている。会社法でここまで明記されている以上、監査役からこれらの請求があった場合、通常、経営者はこれを拒否できないはずだ。この2項を見て、「監査役が監査役を決めることができることは、すでに法律の中に明確に盛り込まれているじゃないか」と考えた。

若いときから監査役になろうとする人はまずいない。だから監査役に関する知識などなく、監査役になってから慌てて法制度を学ぶ人がほとんどだ。

学説やガイドブックは積極的

一般的な話だが、監査役業界では、選任について監査役に与えられた権限は同意権だと思われている。このため、どの会社でも、同意権の手続きは確実に行われているのだろう。

一方で、提案権には「監査役は請求することができる」とある。するかしないかは監査役の判断に任せられている。こうしたことから、同意権が優先されてきたのだろう。

しかし、同意権よりも提案権の方が監査役の存在を高めることは間違いない。監査役がその機能を発揮するための力の源泉にもなるはずだ。それなのに、その提案権が話題になることはほとんどない。なぜなのだろうか。

そもそも、筆者らのこうした認識は正しいのだろうか。あるいは、343条の2項をどのように解釈するべきなのか。会社法の解説書を開いてみた。

東京大学名誉教授の江頭憲治郎氏による『株式会社法』(有斐閣)は1千ページを超える大著だ。2006年に初版が出され、すでに第8版となっている。この中の「第四章機関・第四節監査役」を見た。「(1)監査役選任議案に対する同意権」のあとに、「選任議題・議題の提案権」という項目があった。ここで江頭氏は「監査役・監査役会は、監査役の選任に関し、取締役の意向に対する拒否権を有するだけでなく、積極的にイニシアティブもとれる仕組みになっている」と説明していた。「イニシアティブ」とある。監査役を決める際、経営者でなく、監査役が主導権をとれる仕組みだとはっきり説明されていた。

江頭氏はまた、この343条の2項が前段と後段に分かれていることにふれた。

確かに「監査役の選任を株主総会の目的とする」と「監査役の選任に関する議案を株主総会に提出する」は、「又は」で結ばれている。前段の「選任を株主総会の目的」については、「たとえば」として、「特定の候補者を示さず、単に監査役の増員を請求するような場合である」と解説し、請求があった場合は、株主提案と同じように総会に付議する義務があるとしている。後段については、「監査役の候補者を特定し」と記している。特定してもいいし、特定しなくともいい。どちらでも監査役は総会の議題・議案としてイニシアティブをとれるという。

同じく会社法を専門とする東京大学教授の田中亘氏の『会社法　第3版』（東京大学出版会）ではどうだろうか。こちらはさらに踏み込んでいた。「取締役がAとBを監査役にする旨の議案を株主総会に提出しようとしたとしても、現監査役がそれに同意せず、代わりにCとDの選任議案とするように求めた場合、取締役はそれに従わなければならない。つまり、実質的には、監査役は、誰を後任として株主総会に諮るかを決定する権限を持つことになる。監査役の選任プロセスを経営陣が支配することを防ぎ、監査役の独立性を確保するための措置である」と記していた。

監査役が自らの後任や増員を決める権限を持ち、社長ら取締役はそれに従わなければいけない、とまで説明している。なんだか実態と大きくかけ離れているようにも感じてきた。

●●● 日本監査役協会の見解は

では、この提案権もしくは請求権はどこまで浸透しているのだろうか。

監査役の実務に詳しい人に聞くと、日本監査役協会など関係者の間でも、この2項のことはほとんど議論に上らないという。「同意権」こそが、監査役の権限だと思っている人が少なくない。監査役制度に携わるある人はこんな言い方をした。「条文の構成から、優先されるのは1項となる同意権だと考えられます。2項は、経営者と監査役の意見が合わなかったり、トラブルになったりした場合に用いるのではないでしょうか」

改めて、日本監査役協会の公表物を調べてみた。すると、この提案権について、かなり踏み込んだ記述をしていた。

『新任監査役ガイド〈第7版〉』(2023年3月14日版)は、Q&A方式で監査役等の権利や権限、日常業務をわかりやすく説明している。この中の「Q17」に「監査役の選任の同意」という項目がある。「Q」はこうだ。

「取締役が株主総会に提出する監査役の選任議案について、監査役に同意権が与えられていますが、同意はどのように行うのですか。また、現実には人事権が社長にあるので、実際に意見を述べるのは難しいのですが」

この質問にあるように、「監査役の人事権は社長にある」というのは一般的だ。

ところが回答は、正論を持ってきた。

「監査役選任議案については、監査役(会)として、候補者の選定についてあらかじめ一定の方針を定め、考え方・手続き等について事前に代表取締役等と協議し、候補者と面談してその適格性を確認するなどして、同意について判断します。種々難しい場面もあるでしょうが、粘り強く働きかけましょう」

日本監査役協会は、単に同意するのではなく、一定の方針を持ったうえで早い段階から積極的にかかわることを求めている。そのうえで社長らと面談もするよう要請している。

この回答を解説する形で「監査役の選任に関する同意権と請求権」という説明もある。その中では、「監査役は、監査役の選任に関し、拒否権と提案権を併せた強い権限を与えられていますが、これは監査役の地位を強化し独立性を確保するためのものと考えられます」と背景的な説明もつけていた。

監査役が監査役を選んだ日

343条2項を行使したつもりはないが、筆者は自分なりに実践してみた。

2019年春、三井物産の監査役として、社長（当時）の安永竜夫氏に手紙を書いた。

2015年6月に副社長から監査役になったが、自分ともう1人の社内出身の監査役がこの年の6月で任期が切れる。社内出身のこの2人が交代の時期だった。その手紙において、自分たちの後任の候補として4人の名前をしたためた。経験や能力、人柄などから監査役に適任と思われる人物だった。ただ、あえて2人に決め打ちすることを避け、計4人にした。もし、名前を挙げた人物の1人について、社長が今後、副社長やCFO（最高財務責任者）などに考えていた場合、そこは社長の判断を優先してもらおうという考えだ。人選がぶつかる可能性を考え、選択肢を持たせた形だ。

安永氏はこの提案に応えてくれたのである。この中から新しい監査役2人が選ばれた。決め打ちではないが、実質的に監査役が監査役を選んだことになるのではないか。法の趣旨を生かした試みではないだろうか。

●●●ベストプラクティスと現実

監査役については、専務や常務など他の取締役などの役員人事の一環でなく、監査役こそが次の監査役を選ぶべきだと強く思う。それを実務として定着させれば、「社長の部下」と見なされることはなくなるのではないか。ただ、監査役に意中の監査役候補者がいたとしても、経営者が考える他の役員人事の意向とかぶることもある。そこで、多少多めの候補者を経営者に提出する手法がベストプラクティスではないか。

では、現実はどうなのだろうか。実は日本監査役協会は、詳細な調査結果とその分析を公表している。協会のケース・スタディ委員会が2019年11月15日に公表した「監査役の選任及び報酬等の決定プロセスについて―実務実態からうかがえる独立性確保に向けた課題と提言―」である。同年5月27日～6月7日の会員会社の監査役会設置会社5851社を対象にアンケートを実施し、41・8%にあたる2447社からの回答を集計し、分析している。

この中に「監査役の選任に際し、監査役（会）と執行側のどちらが最初に候補者を提案しているか」という質問があった。新しい監査役を選ぶにあたって先導しているのは、経営者なのか、それとも現在の監査役なのかという質問である。

社内出身の監査役候補者についての回答結果では、監査役側から提案したというケースはわずか3・8％。一方、経営者側からの提案は82・0％と圧倒的な多数であった。

社外の監査役候補者もほぼ同じである。監査役側からが7・8％であるのに対し、執行側が78・4％となっている。

ほとんどのケースで経営者が新たな監査役を選んでいるようだが、監査役はどのくらい関与しているのだろうか。ケース・スタディ委員会は「執行側に予め資質等の要望を伝えていますか」との問いも用意していた。

この質問に対しては、要望を伝えているという回答は32・0％で、要望を伝えていないが62・3％だった。要望も伝えていない会社が大半であった。

社内出身の監査役のことを前提に、今後の行動について尋ねた質問では、候補者や求められる資質などを経営者側に伝えることについて検討するという回答が29・1％と3割ほどあった。半面、「特に考えていない」という回答が66・6％。監査役自身が消極的で、会社に依存する姿勢が浮かび上がる。

さらに、343条2項の提案権についても取り上げている。「取締役に対し、提案権を行使したことがありますか」との問いに対し、96・9％が「ない」という回答であった。案の定というかやはりというか、ほとんど使われていないことが明らかになった。それでも、3・1％の77社が「ある」と回答していた。

同意権の実態についてもケース・スタディ委員会は調べている。「執行側が提案する候補者について監査役（会）と意見の相違があったことはありますか」という質問に対し、「相違したことはない」という回答が95・6％とほとんどだった。相違したことはない、というよりは、もしかしたら多くが考えることを自ら放棄しているのでは、と思えるような数値だ。

ただし、少ないとはいえ、「相違したことがある」という回答が72社、4・4％あった。回答した会社に対し、ケース・スタディ委員会はさらに「どのような対応を取りましたか」と質問を投げかけている。結果は、「（最終的な候補者は）執行側が当初提案した候補者としている」という回答が56・9％（37社）と過半数であった。最終的には経営側の力が強いということだろう。

しかし、「監査役（会）が同意するまで、執行側が候補者を提案している」というケースも20・0％（13社）あった。そして、「監査役（会）が代替の候補者を提案し、執行側と協議の上、同意している」と話し合いに持ち込んだところも7・7％（5社）あった。

これらの結果を総括し、ケース・スタディ委員会は「同意権の行使について疑問の残る結果となった」と評している。残念な結果ではあるが、少なからず自分と同じ考えを持っている監査役や、がんばっている監査役が確実にいるのだということも感じることができた。

・・・決めているのは経営者か

アンケートの中には、「候補者について総合的に見て実質的に決定しているのは誰ですか」との核心を突いた質問もあった。最も多かった回答は、代表取締役（オーナーの場合を除く）で44・4％だった。次いで親会社（オーナーを除く）が27・2％、オーナーが13・6％、任意の委員会が3・6％などで、監査役会は2・3％であった。圧倒的に経営者やオーナーの力が強いことがわかる。親会社の「天下り」人事が横行している可能性もあるかもしれない。

ケース・スタディ委員会の報告書では、自由記述も公表している。これが実に興味深い。赤裸々な思いが綴られている。主だった声を拾ってみる。

・指名・報酬等諮問委員会を通じての候補者選定を建前としているが、代表取締役が選んだ候補者を監査役会で追認というのが実態
・何も言う権利がないので検討する必要もなく、反対することもできず
・『検討』は形式で、事実上、代表取締役社長が監査役を選考している
・監査役の意見が聞かれることはなく、オーナー家の提案を形式的な株主総会で承認している
・基本的には親会社の人事ローテーションの一環として監査役人事も決まる

・親会社の決定指示による場合、反対は困難である。能力、性格、判断力等に明らかな支障のある候補者ならば再考を促すが、そうでない場合どうしても不同意となれば辞任しかない
・現実には親会社の意向で決定されているが、資質について特段異論はない。ただ、監査役に対しいつも直前まで秘匿されており、その点は不満である
・代表取締役にとって、監査役を誰にするかは人事であり、また取引先政策（金融機関を含む）であり、そこに監査役の意向が反映されるとの意識はない
・監査役の独立性を高めるという意味で権限強化という考えはわからなくはないが、候補者の決定権限を持つということは、候補者を探してくる責任も負うことになる。それは、いまの多くの監査役の実力からみて、手に余るのではないか

「人事ローテーション」「親会社の意向」という現実を突きつけられた印象だ。

建前と本音の使い分け。あきらめの境地。権利を行使するのは辞任を覚悟するときだとまでいう。監査役の叫び声のようだ。

ケース・スタディ委員会の報告書を読む限り、会社法の同意権と提案権が資本の論理の前にかすんで見える。

一方で、このような実態を包み隠さず報告する日本監査役協会の職員たちの意欲も感じる。回答した監査役の中からは、「執行側からの提案で実質決まる形は望ましくない。監査役会からも人選につ

いて積極的に提案、要望を出すべきと考える」と改善に意欲を示す監査役もいた。あきらめずに少しでも前に進もうという人も確実にいるのだろう。

「現状の同意権でも問題は無いが、昨今の監査役の役割の重要性や職務執行に求められるレベル感の向上から、特に社内監査役についての後継候補者の計画的育成（サクセッションプラン）が望まれる。子会社監査役（親会社監査役の指導のもと）をトレーニングの場とする方法も有効ではないか」と、具体的な提案もあった。

他にもこんな思いが綴られていた。

・将来的には、監査役の責任に負けない監査役権限を持ち、グループ経営においても、上位会社主導にならない仕組みが望ましいと考える
・取締役は会社を成長させることが一番の目標になると考えるので、その為に相応しい人材を取締役会で選べばよいと考える。監査役はどちらかというと、執行側と歩調を合わせながらも、色々な角度からブレーキの役割も期待されていると思う。従って、監査役に求められる資質も、取締役会の性格によって、個社の事情によって変化できるように、監査役会の権限を強化する方向が望ましいと考える
・上場企業あるいは非上場公開大会社であれば、監査役候補者の決定権は監査役会等に委ねられるべき

・常勤監査役は限られた資源の中での選任なので、資質を明確にした上で経営者とのコミュニケーションにより良い候補者を選任、社外監査役候補者には監査役会（親会社）の意見反映を強化すべきと考える

このように前向きな意見も少なくなかった。上場会社などに社外役員が過半数を占める指名委員会を義務づけるべきだとの指摘や、コーポレートガバナンス・コードの浸透に期待する声もあった。

ケース・スタディ委員会は「おわりに」で、こうまとめている。

「実務実態としては、選任及び報酬決定のプロセスとも法制度が意図した独立性の確保が十分に機能していないのではないかと懸念される結果も多く、自由記載においては、独立性の確保が不十分であることに対する不満の声も数多くあった」

さらに、「この結果をどのように解釈するかは、必ずしも容易ではない」としながら、「問題なしとして片付けられるような状況ではないと感じる。今後は制度面での改革も必要と考えるが、制度面での改革だけでは形式にとどまり、真の独立性の実現には至らないおそれがある」と制度だけでは監査役の独立は実現できないと訴え、「最終的には、監査役等の方々が独立性確保のために、覚悟を持って取り組むことが重要である」と結んでいる。

この文中にある「覚悟」に期待したいと思う。

議員立法による同意権と提案権

ところで、343条が示す同意権と提案権はいつできたのだろうか。調べてみると、古くからあった条文ではなく、2001（平成13）年の商法改正時に議員立法で盛り込まれたものであった。ネット上でも閲覧できる衆議院の議事録を見ると、2001年11月27日の法務委員会で、自民党議員の太田誠一氏が提案者を代表する形でその趣旨を述べている。太田氏は、「一般株主の信頼を得るべく、公正で、透明で、国際的にも信用ある企業体質を確立する必要があり、監査役制度を機能強化した」と説明している。さらに「経営者の不祥事あるいは経営の怠慢というふうなことから生ずるさまざまな問題に対するチェックが機能しなければいけない」と指摘し、「経営者から独立した監査役、監査役会というものを確立しなければいけない」と訴えている。

このときの改正では、同意権と提案権だけでなく、監査役の任期を3年から4年に延ばしたほか、監査役が辞任した場合にその理由を株主総会で陳述する権利のほか、「社外監査役を一人以上」との規定から「半数以上」という変更案も盛り込まれ、監査役の権限と機能の大幅な強化・拡大を図っていた。

太田氏は翌日の11月28日の法務委員会でも登壇した。「監査役として、個々の監査役の人事権、提案するときの同意権、あるいは提案権を保障したことによって、みずからの人事については非常に強い権限を監査役会が持つことになりましたので、そこでもって独立性が確保されたというふうに考えております」と述べている。

同じ提案者の保岡興治氏も以下のように述べている。

「監査役会がその決議をもって取締役に対して監査役の選任を株主総会の会議の目的とすることを請求できることとしたり、監査役の選任に関する議案を提出することを請求することができることにしたりしました点、それから、取締役が監査役の選任に関する議案を株主総会に提出する際には監査役会の同意に係らしめた点の趣旨は、（中略）取締役が監査役人事を恣意的に行うことを防いで、監査役に適する人材の確保を可能にするとともに、監査役の独立性を強化することとした」太田、保岡の両氏の提案者はこの制度改正で監査役の独立性を確保でき、その責務を果たせる体制になることに自信を持っていたようだ。

一方で、懐疑的な意見もあった。

議事録には、28日の法務委員会に参考人として呼ばれた東京大学大学院教授の岩原紳作氏の発言も記録されている。岩原氏は、「本法案では監査役制度の強化が目指されております。これには一定の効果が期待されますが、それは限られたものでありまして、経営の妥当性、企業の競争力に関する監査は行えないわけであります。そして、会計監査、違法性監査の面においても、監査役制度の強化が戦後たびたび図られてきたにもかかわらず、なお顕著な効果は上げていないということは否定できない事実でございます」と述べている。

かなり辛辣な意見だが、現実はそのとおりなのだろう。さらに岩原氏は「本法案程度の監査役制度の改正では、やはり大きな期待はできないようにかんがえております」と発言。「むしろ、本法案によりまして社外監査役の要求の強化などが実現いたしますと、監査役の数をふやさざるを得ないことになりまして、取締役の数を減らして、取締役会の機動性、機能の向上を図ろうという取締役会改革とはやや逆行する側面があるというふうに懸念しております」と述べ、監査役の機能強化はコーポレート・ガバナンス全体にとって逆効果の可能性もあると述べている。

それでも太田氏らは監査役の機能強化にこだわった。背景には、大和銀行ニューヨーク支店の不正取引をめぐる判決があった。2000年9月に大阪地裁が経営陣らに総額830億円の賠償命令を出し、新聞やテレビで大きく報道されていた。とても個々人が払える金額ではない賠償金額に企業経営者らは衝撃を受けた。これを受け、自民党政権は監査役の権限強化に走った。監査役を機能させることで経営者を牽制し、規律を高めようという試みであった。

結果的にこの議員立法は当初考えられていたほど監査役の実務を変えることはできなかった。343条ができたのに、経営者の力は相変わらず大きく、監査役が監査役を選ぶという考え方はなかなか浸透せず、経営者の意向を尊重した形の同意権ばかりが強調される結果になった。

ただ、監査役が監査役を選ぶという仕組みについては、その後もくすぶり続けた。2010年8月25日に開催された第4回法制審議会会社法制部会で法務省の事務局が出した検討事項の中に「監査役が実質的に経営者によって選任されていることから、実効的な監査を果たせないという認識も挙げられている」という一文がある。

また、『旬刊商事法務』No.2009（2013年9月15日号）に当時の日本監査役協会長の太田順司氏（元新日本製鉄監査役）が寄稿した論考「わが国の企業統治と監査役制度の課題」の中で、「十数年後の会社法改正への課題」の1つとして「監査役選任における監査役への決定権の付与」が挙げられている。

監査役が監査役を選ぶという考えは長い期間、くすぶり続けていた。

●●●コーポレートガバナンス・コードにおける規定

そんなくすぶる煙が、小さな炎となるようなできごとがあった。

2015年6月に制定された「コーポレートガバナンス・コード」に「原則4－4．監査役及び監査役会の役割・責務」という項目が盛り込まれた。

「監査役及び監査役会は、取締役の職務の執行の監査、外部会計監査人の選解任や監査報酬に係る権限の行使などの役割・責務を果たすに当たって、株主に対する受託者責任を踏まえ、独立した客観的な立場において適切な判断を行うべきである。また、監査役及び監査役会に期待される重要な役割・責務には、業務監査・会計監査をはじめとするいわば『守りの機能』があるが、こうした機能を含め、その役割・責務を十分に果たすためには、自らの守備範囲を過度に狭く捉えることは適切でなく、能動的・積極的に権限を行使し、取締役会においてあるいは経営陣に対して適切に意見を述べるべきである」

注目したいのは、わざわざ「自らの守備範囲を過度に狭く捉えることは適切でなく」と明記していることだ。逆にいえば、監査役はこれまで自らの守備範囲を過度に狭くとらえていた、ということを示している。

その後、筆者は金融庁の「スチュワードシップ・コード及びコーポレートガバナンス・コードのフォローアップ会議」に日本監査役協会最高顧問という肩書（その後、日本航空社外監査役）でメンバーに加わることになった。大学教授や大企業の経営者、機関投資家、弁護士が多いこの会議に監査役を代表する立場で選ばれたことになる。それは、「監査役が監査役を決める」というかねてからの自分の思いを伝える機会を得ることができたのである。

２０２０年10月20日、20回目の会合で以下のように発言した。

「監査役については、指名について明確な規定がございません。会社法上はしっかりとした規定になっていますが、実際は監査役を選任するのは経営者が主導しています」。３４３条2項の存在を暗示しての発言だ。続けて、「会社法上は同意権がありますが、同意しない例は稀です。また株主総会における陳述権というのがあるわけですが、行使された例はほとんどありません」と現状を包み隠さずに述べた。

監査役は監査役の選任について、会社法345条1項と4項において株主総会で意見を述べることができる、とわざわざ明記されている。しかし、こちらも使われたケースはほとんどない。

「そういう意味で、（監査役）選任のプロセスに監査役は関わっていません」とし、「私の提案としては、監査役候補者の選任は監査役会の責任において行うこと。その決定に当たっては、監査役会と指名委員会の協議を経て決定するというようなことを何らかの形で表現していただきたい」と発言した。

最終的にコーポレートガバナンス・コードはどうなったのか。

コーポレートガバナンス・コードの「原則4－4．監査役及び監査役会の役割・責務」は、会計監査人の選解任とその監査報酬について、監査役も適切に判断し、一定の役割と責務を果たすことを求めた項目である。これまでその対象は「会計監査人の選解任と監査報酬」であったが、2021年6月の改訂において「監査役」という文字が加わり、「監査役・外部会計監査人の選解任や監査報酬」となった。つまり、監査役を選ぶ際、現在の監査役が一定の役割を果たすべきだ、ということが新たに明記された。

注目される提案権

実は、直接的ではないが、コーポレートガバナンス・コードには、監査役を選ぶ際、より客観性をもって選ぶべきだという方向性が内包されている。

2021年9月21日、清原国際法律事務所（東京）のオンラインセミナーにおいて、弁護士の清原健氏は「改訂コーポレートガバナンス・コードのポイント」として講演し、監査役の選任の手続きについて解説した。

その中で清原氏は、「補充原則　4－10①」を紹介した。ここでは、取締役会の下に任意で指名委員会や報酬委員会をつくることを推奨し、その指名・報酬委員会が経営者から独立して判断できる体制（独立社外取締役の活用や権限と役割など）について、公表するよう促している。

清原氏が着目したのは、この補充原則におけるパブリックコメントだ。法制度を変更する場合、広く国民の意見を募るため、一定期間、パブリックコメントに付す。今回も、1つ1つの質問や意見について金融庁の担当者が回答している。

その中で、「監査役の選任についても、任意の（指名）委員会の対象とするべきと考えます」という意見に対し、金融庁は「監査役についても議論の対象に含めることを否定するものではございません」と回答していた。

また、別のコメントを見ると、「取締役会の下の独立社外取締役を主要な構成員とする独立した指名委員会・報酬委員会には、独立性・客観性の観点から社外監査役を含めるべきである」との意見もあった。これに対して金融庁は「社外監査役を委員会の構成員に含める場合もあり得るものと考えられます」との見解を示した。

清原氏は、「『否定するものではない』『あり得る』という弱いトーンであるが、ここを手当てすることが一つのやり方」と指摘。さらに、金融庁が2021年6月にコーポレートガバナンス・コードと同時に改訂した「投資家と企業の対話ガイドライン」についても説明した。

改訂されたこのガイドラインの3－10には、「監査役に、適切な経験・能力及び必要な財務・会計・法務に関する知識を有する人材が、監査役会の同意をはじめとする適切な手続を経て選任されているか」と記されている。「監査役会の同意をはじめとする適切な手続を経て」の部分が新たに加わった。これに対し、パブリックコメントで以下のようなやりとりがあった。少し長いがそのまま引用したい。

「対話ガイドライン3－10について、監査役の選任における『適切な手続』の表現は、抽象的で不明確ではあるが、それが意味するところは、適切な経験・知識・能力のある人材が候補者として選定されるとともに、監査役の独立性の確保が図られる手続を意味すると考えられる。そこで、例えば括弧書きを追記して、独立性の確保につながるような適切な手続であることを例示することを検討されたい。

（修正案）3－10　監査役に、適切な経験・能力及び必要な財務・会計・法務に関する知識を有する人材が、監査役会の同意をはじめとする適切な手続（例えば、監査役の候補者案について監査役会が提案することや指名委員会における検討に監査役会の意見を反映すること等）を経て選任されている。」

金融庁の回答はこうだった。

「対話ガイドライン3－10における『監査役会の同意をはじめとする適切な手続』には、監査役選任議案に関する提案権や意見陳述権など、監査役の選任手続に関する会社法上の手当てが含まれるものと考えますが、これに限らず、各企業の判断の下、必要に応じて、監査役の機能発揮の観点から、適切な取組みが進められることを期待します」

清原氏は、パブリックコメントへの対応で金融庁が提案権に言及している点に留意するべきだとして、「提案とは、監査役会の側から積極的に示していくこと。タイミング的にも、選任プロセスの終盤ではなく、早い時期から能動的に案を出すことが適切」と説明した。

コーポレートガバナンス・コードなどにおいて、監査役の選任に関する改正が続いている。監査役が監査役を選ぶ際、経営者に任せきりというわけにはいかなくなったことは間違いない。

リコーの試み

最近、この提案権を実際に行使し、それを公表している企業を見つけた。リコーだ。

2022年6月にあった株主総会の招集通知の64ページに「監査役の選任プロセス」という項目がある。ここで「監査役候補者の選任にあたっては、監査役の独立性確保を重視し、『候補者の推薦』『候補者の指名』を監査役会主導で行う下図のようなプロセスとしています」と説明し、以下の図が明示されていた。

説明文の中でも、「監査役会は、監査役の選任基準に基づき、CEOと協議の上、候補者の推薦を行い、指名委員会による確認を経て、候補者の指名・提案を行います。取締役会では、監査役会の判断を尊重し、監査役候補者の指名について決議されます」とあった。明確に監査役が指名・提案するという文章が表に出るのは極めて珍しいことだ。

「監査役の選任プロセス」の前には、「監査役選任の考え方」という項目もあった。その内訳の1つに「監査役の選任基準」という基準も示されていた。その中で、監査役の候補者に求める資質について説明し、「客観的な適格性評価を行うための基準（要件定義）」も掲げた。

その基準は、大きく「監査能力」と「素養・人間性」の2つに分けられていた。

「監査能力」では、①財務・会計・法律に関する知識、②職業的懐疑心を持ち、真摯な態度で事実を正しく調査し、客観的に物事の判断ができること、③自らの信念に基づいて使命感と勇気を持って、取締役または従業員に対し能動的・積極的な助言・提言ができること、④株主の立場で考え、行動し、現場・現物・現実から学ぶ姿勢に基づいた監査がで

「監査役会（協議）CEO」	候補者の推薦
	⇓
「指名委員会」	協議内容の共有、推薦理由の確認
	⇓
「監査役会」	候補者の指名・提案
	⇓
「取締役会」	候補者の決定
	⇓
「株主総会」	監査役の選任

※リコーの株主総会招集通知から

きること、とあった。興味深かったのは、「真摯な態度」「使命感」や「勇気」など、普通、法律用語としてはあまり出てこない言葉が並んでいたことだ。

「素養・人間性」では、①心身ともに健康であって監査役の任期4年を全うできること、②各地域のマネジメントと英語によるコミュニケーションができること、などがあり、特に「英語」が目を引いた。

関与度合いが強まる？

2023年4月11日午後、日本監査役協会の全国会議が横浜市であった。この中で「改訂CGコードにおける監査役等関連項目への対応と今後の課題」をテーマにパネルディスカッションを繰り広げた。

2021年6月に改訂されたコーポレートガバナンス・コードの4―4において、監査役を選ぶ際、現在の監査役も一定の役割を果たすことが盛り込まれたのだが、これをテーマに話し合いが持たれた。

冒頭、パネラーの1人でキッコーマンの常勤監査役の森孝一氏が、2022年5月下旬～同年6月上旬に日本監査役協会ケース・スタディ委員会が実施した「監査役等の選任プロセス」に関するアンケート結果を紹介した。

アンケートの対象は会員の上場企業3144社で、40％の1264社から回答があった。監査役の選任において、だれが候補者を提案しているかという質問では、「執行側から候補者を提案する」との回答がほとんどで、90・3％だった。「監査役からの候補者提案がある」との回答は8・1％だった。

2019年11月15日に公表した「監査役の選任及び報酬等の決定プロセスについて―実務実態からうかがえる独立性確保に向けた課題と提言―」では、監査役からの提案は3・8％だった。これが8・1％となり、まだ低い水準ではあるが、増えたともいえる。

また、今回の2022年のアンケートで、執行側から監査役らの候補者を提案している会社のうち、監査役側と事前に意見交換している会社が57・9％にのぼった。

この結果について、ケース・スタディ委員会の委員長を務めた森氏は「残念ながら、監査役等が主体で選任するという形にはならなかった」と感想を述べたが、「以前の調査のときは執行から言われた候補者そのまま議論せずに承認していますという会社が多かった。提案は執行側から来ますが、事前に意見交換して妥当性を検討していますよという会社が大幅に増えている」と説明した。新しい監査役らに期待される資質等の要望を伝え、もしくは検討しているという会社も着実に増加していると述べた。

また、2022年12月23日付でまとめたアンケートの報告書に好事例も掲載したことにも触れ、監査役会の独立性を確保するため、「選任は監査役会で行われなければならない」と正面切って執行側に申し入れて実現した会社もあったことも強調した。

さらに森氏は、会計の知識など監査役らにふさわしい資質を持った役職者は限られると指摘し、人材豊富なグローバルな大企業でもない限り、資質を伝えることが、実質的に特定の幹部社員の名前を挙げることになると説明し、「こんなスキルを持つ人物を、と申し入れをするだけでも大きな前進だ。ステップを踏んで監査役等にまかせられるようになった会社もある」と述べた。

監査役らが動き出したことは間違いないようだ。

第2章

知名度の低い監査役

「監査役の認知度が低い。注目されることがないので、責められることもない。不祥事で会計士は責められるが、『監査役は何をやってたんだ』という報道を見たことがない。某地銀のケースもそうだった。覚悟を持って、認知度を上げたい」

（2019年3月13日、東京・霞が関の弁護士会館であったシンポジウム「監査品質の向上に向けた監査役（等）への役割と期待」の中で）

「前回の会議のときに、投資家の皆さんにはぜひ企業の社外役員との対話をもっとしてほしいとお話ししました。こう考えた背景を申し上げますと、最近、不祥事に関する第三者委員会の調査が行われますと、社外役員は『私のところには報告は上がっておりませんでした』ということで免責になるというケースが大変多いわけです。いや、むしろ社外役員の中には、『悪い報告を上げられると責任を負わなければならないので聞かせないでくれ』と言っているといううわさも聞きます。そういう点でも、社外役員の方が、自分に情報が上がっているかどうかを意識している、あるいは自分が積極的に情報を取りに行っているか、こういう姿勢を見ることが大変大事だという意味で、対話をしていただきたいというお話をしました」

（2019年11月8日にあった金融庁のスチュワードシップ・コードに関する有識者会議で）

道義的、法的の両面で監査役はどこまで責任をとるべきなのか。

不正会計による企業不祥事が起きた際、マスコミはよく「なぜ会計士は発見できなかったのか」「黙認したのではないか」と批判することがある。ときに「(会計士は)専門家なのに、これでは意味がない」「役に立っていない」と矛先を経営者から監査法人や公認会計士に向け、糾弾することもしばしばだ。

一方で、監査役には、そのような批判はほとんどない。会計士よりも会社の中にいて会社のことをよく知っている存在であるにもかかわらずだ。

なぜなのだろうか。マスコミは、もしかしたら、監査役のことを知らないのではないか。知らなければ、批判することはない。当然、期待されることもない。

監査役は派手な仕事ではない。明らかに裏方の仕事だ。

そもそも、企業不祥事が起きていない状態は、監査役にとっていいことだ。自らの職責を果たし、監査役監査が機能している状態ともいえる。実際、ほとんどの上場会社では大きな不祥事は起きていない。

最難関の国家資格の1つとされる公認会計士試験を通った人たちは、それだけ注目される。監査役は努力すればするほど、目立たなくなる存在なのだろうか。しかし、監査役も人の子だ。注目されれば、人一倍やる気が出るはずだ。各社の監査役が切磋琢磨して監査の質を上げれば、長期的に企業価値が高まることは間違いない。

そのためにも、監査役の活動を世の中の人に知ってもらわなければならない。

スルガ銀行不正融資問題における2つの報告書

そんな中で、スルガ銀行（静岡県沼津市）の調査報告書は、監査役の行動と責任を考えるうえで、貴重な材料を提供してくれる。

シェアハウスに絡む不正融資の問題でスルガ銀行は、２０１８年秋に2つの報告書を公表した。この2つの報告書で、監査役の責任に関する判断が大きく違っていた。

最初に出されたのが、第三者委員会による報告書で２０１８年9月7日付。このシェアハウス問題全体の事実関係を掘り起こし、スルガ銀行の組織や人事の体制も調べ上げている。役員らの責任にも個々に言及し、改善策も提案していた。

2つ目は監査役責任調査委員会による報告書で、２０１８年11月14日付。具体的にスルガ銀行の幹部社員らの個別の責任を追及できるかどうかを検討し、「監査役の責任は問えない」と結論づけていた。

それぞれ役割や目的は違うが、わずか3カ月で、なぜ真逆の結論が出るのか。

まずは不正融資の概要を見ていきたい。

２０１５年ごろから、スルガ銀行はシェアハウスなどの不動産物件のオーナーに対する融資に積極的になった。

スルガ銀行の本店がある沼津市は静岡県東部の拠点都市だ。沼津市は昭和の時代には、富士急百貨店や西武百貨店があり、遠くは山梨県からも買い物客が来て賑わった。ところが、平成に入ってから急速にさびれていった。県庁所在地でもなく、また、静岡県西部に位置する浜松市のようにスズキやヤマハなどの大手メーカーもなく、頼ったのは神奈川・東京だった。

三島駅から東京まで、新幹線こだまで約1時間。スルガ銀行はその地の利を生かし、不動産需要が高い首都圏で収益を上げようとした。

ただ、東京・横浜は、メガバンクや横浜銀行がひしめく。目をつけたのが、若者の間ではやり出していたシェアハウスだ。この形態は、入居者それぞれの部屋はあるが、台所やトイレは共同。その分、入居費用が安く上がり、かつ、入居者同士でコミュニケーションがとれることも魅力とされていた。

不動産業者はこれを投資物件として扱い、一般の会社員らに売り込もうとした。一般会社員らにとっても、一躍オーナーになってシェアハウスをうまく経営すれば、定期的にお金が入る。副業として手がける人も多かった。

問題は投資資金であり、その資金をスルガ銀行が融資すれば問題は解決する。不動産業者とスルガ銀行の思惑が一致した。

ただ、銀行には審査部があり、事業の採算性や融資を受ける人の自己資金などを確認する。自己資金が足りなかったり、事業の収益見通しに無理があると判断されたりすれば、融資を受けることはできない。

これを何とかしようと、不動産業者は偽装工作に走った。第三者委員会の調査によると、審査部の目をごまかそうと、虚偽の賃貸借契約書をつくったり、オーナーとなる人の銀行の預金通帳を偽造して十分な資産があるかのように見せかけたとされる。

その結果無理な事業計画がたたって、シェアハウスの経営は各地で行き詰まり、社会問題化した。世間を驚かせたのは、融資実績を上げるために、スルガ銀行の行員が偽造に関与していたことである。通帳の偽造を見て見ぬ振りをしたり、暗に指示したりするケースがあったとされる。

2つの報告書の異なる評価

「第三者委員会」と「監査役責任調査委員会」。2つの報告書は事実認定に大きな食い違いはないように見える。違ったのは、求められる監査役像だった。

第三者委員会の報告書は321ページで、コンプライアンスや内部統制の分野で著名な弁護士を委員長に計4人の弁護士が委員となってまとめた。こちらは監査役に厳しかった。

常勤の監査役について「問題の端緒を知ることは可能であって、適切に調査すべきであった」と断定している。

例えば、2人の常勤監査役が審査部門に行ったとき、書類の改ざんなど問題があると思われる行員6人を示すリスト（書類）を受け取ったと記されている。そのリストには、「要注意」「業者との癒着？」などの記述もあったという。

第三者委員会はこれらについて、「審査部からこのような紙を渡されたら、問題の兆候として、しっかり監査すべきであろう」と指摘。当時の監査役は、調査もせず、監査調書にも書かず、社外監査役にも伝えることはなかったと批判している。さらに「監査役としての善管注意義務に違反するものと思料される」とまで言い切った。この場合、損害賠償の対象にもなり得るとの見解である。

監査役責任調査委員会の報告書は、107ページ。こちらの報告書も弁護士を委員長に弁護士3人が担当していた。

こちらも、2人の常勤の監査役が、業者との癒着が疑われる行員6人のリストを受領したことが書かれている。

しかし、その受け止め方は、第三者委員会のそれと大きく食い違う。

「疑われるとする根拠の記載や、不正行為が行われていることを示す具体的な記載はなかった上、いずれも個別の行員についての情報に過ぎなかった」との見方だった。

さらに、このうち1人の常勤監査役はその後、リストに記載された行員が勤務する営業店に行って支店長らに話を聞いたということも記され、監査役責任調査委員会は「十分な監査だった」としている。さらに、監査役は、書類の改ざんについても行員の関与はなかったという報告を受け、すでにその業者との取引を中止するなど会社が対応済みであることを伝えられていたことも強調し、最終的に「取締役の違法行為等の兆候を認識し、又は認識し得たとは認められない」と判断し、責任は問えないとの結論に導いた。

知ろうとしない監査役

監査役責任調査委員会は、監査役が不正の可能性を認識していたかどうかを重視している。

経済メディアの「FACTAオンライン」でこのシェアハウスの問題を扱った記事が出たことにも触れている。FACTAは、2011年のオリンパスの損失隠し事件をスクープしたことで知られる。日本経済新聞社を退職した元記者が創刊し、メディア業界ではよく知られる存在である。大きな公立図書館などにも閲覧用に置かれている。このFACTAは2016年3月号で『かぼちゃの馬車』スマートライフの裏側」という記事を掲載し、デジタル配信もした。

記事の内容はこうだ。「かぼちゃの馬車」というシェアハウスが都内で続々とオープンしている。このシェアハウスを運営するスマートライフという会社の経営者がいわくつきの人物だという。過去にビデオショップの計画倒産や、広告事業で集団提訴されているという。「スマートライフにカネを貸す銀行は審査の甘いスルガ銀行ぐらいではないか」という「裏側を知る商社の審査担当」という人のコメントもあった。

スルガ銀行の監査役はこの記事を読んでいなかったようで、監査役責任調査委員会は「(監査役は)当該記事の内容を認識していたことを窺わせる事情は認められない」と記した。

当時のスルガ銀行では、不祥事につながるような情報を寄せられた場合、その情報を監査役に伝える手続きが確立していなかったと監査役責任調査委員会の報告書に書かれていた。「調査担当部署や管掌取締役限りで処理され、経営会議やコンプライアンス委員会でも報告されないため、監査役が当該情報を認識することはできない状況にあったという事情がある」ということである。

知らなかったというよりも、知ろうとしなかったのでは、との疑問がぬぐえない。

・・・だれも期待していないのか

第三者委員会と監査役責任調査委員会とでは、監査役に対する期待感が異なっているようである。第三者委員会の報告書では、「端緒を知ることで調査に入るべきだった」などと能動的な活動を求めた。「まずは調査」「アンテナを張る」などの言葉も出てくる。監査役が未然に不祥事を防止し、それができなくとも被害を最小限にとどめる役割を求めている。そのため、「常勤監査役には、職務を遂行する覚悟がなかった」「監査役としての職場放棄といわれてもしょうがない」と厳しい言葉が並ぶ。

監査役責任調査委員会の報告書は、監査役の監査について、受動的な職務としてとらえているようで「多くの不芳情報は、調査担当部署や管掌取締役限りで処理され、経営会議やコンプライアンス委員会でも報告されないため、監査役が当該情報を認識することができない状況だった」と認定している。報告がなければ知らないのは当然だという立場だ。

この「知らなかった」という認識を前提に法的責任を検討した結果、「監査役の在任期間中、取締役の違法行為等の兆候を認識し、又は認識し得たとは認められず、監査役としての善管注意義務違反は認められない」と、法的責任は問えないとの見方を示した。

監査役責任調査委員会はさらに「監査役会において何らかの調査や取締役会への指摘を行うことになったとしても（中略）損害の発生又は拡大を防止することができたということはできない」との見方も示した。監査役が問題を指摘しても被害の状況は変わらなかったという見方だが、これでは監査役監査の意味を否定してしまうことにならないか。

いたずらに監査役に責任をとらせればいいというわけではない。しかし、この2つ目の監査役責任調査委員会の報告書を読み比べると、だれしもが強い違和感を覚えるのではないか。

知らなかった、で済まされるのなら、自分から情報をとりに行く人はいないのではないか。みな「何もしない方が得だ」ととらえてしまうのではないだろうか。不祥事防止の観点で監査役は期待もされていないのか、とも感じる監査役責任調査委員会の報告書だった。

過去の挫折

過去に、監査役の能力を上げ、社会的な認知度を高めようとした日本監査役協会の会長がいた。

2007年11月27日、大阪市で日本監査役協会の全国会議があった。あいさつに立ったのは、1カ月ほど前に12代目の会長に就いた関哲夫氏。新日本製鉄（現・日本製鉄）の副社長から監査役に転じた財界人の大物だった。

関氏は1963年の旧八幡製鉄入社組だ。新日鉄は、1970年に八幡製鉄と富士製鉄とが合併してできた会社で、経団連の会長を輩出するなど、重厚長大を代表する銘柄だ。

関氏は気さくな人柄で、豪放磊落な直言の人との評価を受けていた。

当時の新日鉄の社長は、のちに日本商工会議所会頭を務めた三村明夫氏。入社年次が同じで、「私と同期なので、何でもモノを言えるんだ」と周囲に話していた。

関氏は八幡製鉄、三村氏は富士製鉄の入社だ。八幡製鉄と富士製鉄は合併後、30年ほどの間、社長を交代で出してきた。副社長や専務など役員も同じ人数で出し合うほど両社のバランスに気を遣っていた。一般的に副社長から監査役にというケースはそれほど多くはなく、社長と同格に近い人が監査役になったことで牽制が効く理想的な布陣との見方もあった。

大阪市の会場で関氏が話し始めた。会場は静まりかえった。

「一言ごあいさつ申し上げたい」と始まり、型どおりのあいさつもつかのま、「企業不祥事が続出している」と会場に檄を飛ばした。社名こそ挙げなかったが、飲食店や建材の偽装問題、汚染された血液製剤などの不祥事が続いていることを示し、「消費者や市民社会を欺く行為だ」と断じた。

そして監査役が不祥事を防ぐ最後の砦であることを強調し、「不祥事は絶対に起こさない、起こさせない。我々はこういう役割がある」とし、「責任がとれる監査。目に見える監査役が必要」「監査役の存在を社会に知らしめたい」などと訴えた。

そのうえで、監査役活動の開示の方法や、監査方法の記載の仕方を含め、監査役の機能の発揮と地位向上を具体的に提案していくと訴えた。そして、こう付け加えた。

「監査役として、それにふさわしい資質、能力を有していることをですね、これはまあ、まだアイデア段階ですが、監査役協会が認定し、第三者が監査役を評価できるような仕組み作りを協会内でプロジェクトチームを立ち上げて検討していきたい」

会場にいた人は、監査役の格づけか、もしくはA級ライセンスのような資格ができるのかと感じた。

この言葉を裏づけるように、翌年の2008年3月、協会内にコーポレート・ガバナンスに関する有識者懇談会が設置された。座長は早稲田大学大学院法務研究科教授の江頭憲治郎氏。東京大学大学院教授を務め、会社法やコーポレート・ガバナンスの泰斗だ。このほか、大学教授、弁護士、日本公認会計士協会長、東京証券取引所の役員らそうそうたるメンバーを集めた。法務省、金融庁、経済産業省の担当課長もオブザーバーとして参加した。

関氏が第1回の会合に出した「有識者懇談会発足にあたって」という文章も強烈だ。「監査役制度の機能状況については、各方面から様々な批判があることも事実である」と認め、「監査役に本気で期待している経営者、株主、マスコミはいない」との指摘も引用している。

そして「監査役会が機能不全に陥り空洞化しているとの批判は、何も今に始まったことではないが、株主・経営者として等閑視するわけにいかなくなってきていることも事実である」と指摘し、15ページにわたって自分の思いを述べている。

異色なのは、「検討のスタンス」という項目だ。①国際的なガバナンスの水準と遜色のないものに作り上げる、②わかりやすく透明性のある制度や仕組みにする、③現行の法律の通説や解釈論にとらわれない、④監査役について「荷が重いだろう」「所詮、無理だろう」と制約をつけない、などと注文をつけた。

当時、監査役の仕事は、適法性監査にとどまるという学説が強かった。違法性のあるものには口を出せるが、経営の妥当性に関して発言することは「越権行為」という見方が支配的だった。その適法性監査にとどまるという考え方が、監査役の行動を制限していることは明らかだった。そもそも適法性を見る監査と、経営の様々な視点で業務をチェックする妥当性を見る監査はそんなに簡単に区別できるものではない。

関氏の登場により、日本監査役協会が本気で1歩踏み出し、監査役の社会的地位を上げようとしていたと感じる人は多かった。

しかし、関氏は大阪市での演説からわずか7カ月後の2008年10月、突如、日本監査役協会長を辞任した。

政府にこわれ、民営化したばかりの商工組合中央金庫の初代社長に就任したのだ。日本監査役協会の会長職はわずか1年だった。日本監査役協会の中には、落胆する人もいた。

翌年の2009年3月に懇談会は「上場会社に関するコーポレート・ガバナンス上の諸課題について」という報告書をとりまとめた。

冒頭で「精力的に検討を重ねてきた」「問題状況の改善を試みた」と記しながらも、具体的な内容になると、「さらに議論が深められることを期待したい」「認識の一致や方向性を見いだすことができなかった」と消極的な姿勢が目立った。

第三者割当増資を行う際、監査役が意見を述べることや、会計監査人の選解任権を監査役に与えることなど、その後の政策に生かされた内容も少なくないが、テクニカルな論点整理の色彩が強かった。

関氏の後を継いだのは東京電力監査役の築舘勝利氏だ。懇談会から受けた答申に対しても、真摯に向き合う姿勢を見せた。ただ、答申自体は回りくどい言い方が多く、有識者懇談会の答申に対する最終報告書も、「ベストプラクティス」という実務対応の解説が重点となっていて、監査役を奮い立たせる文章ではなかった。

その築舘氏も、東日本大震災の大津波による福島第一原発の事故の責任をとる形で、日本監査役協会の会長を辞任することとなった。

自ら情報をとりに行く監査役

「監査役は自ら情報をとりに行くべきだ。待っていてはだめだ」という声をよく聞く。筆者らもそう考える。

監査役の行動はなかなか表に出にくいが、2022年、自ら情報を収集し、経営者に突きつけた監査役が現れた。神奈川県に本社を置く切断・穿孔会社、第一カッター興業（以下、第一カッター）の監査役、泉貴嗣氏だ。

２０２１年10月８日に第一カッターは、不正な資金流用と利益相反取引の疑惑について、第三者委員会の調査結果報告書を公表した。同年８月、自ら資金の流用疑惑があったことを開示し、調査を始めていた。

調査のきっかけは、２０２０年９月ごろに、連結子会社とこの子会社の代表取締役の間で不透明な貸し付けが行われているという情報が、ある関係者から泉氏のもとへ相談が寄せられたことだ。泉氏と、この関係者は一定の信頼関係を築いていたという。

事実を確認するため、当時、社外監査役だった泉氏は、内部監査部門の担当者に調査を依頼した。そして、関係者のメールを調べる過程で、旅費などを工面して裏金をつくっていたことが判明したのである。

２０２１年７月14日の取締役会で泉氏はその概要を報告し、本格的な調査を求めた。取締役会は、これを受けて第三者委員会を設置した。

第三者委員会は、①連結子会社で一部の役職員が書類の偽造等による旅費の過剰計上で資金を引き出し、取引先の接待などに使用していたこと、②この連結子会社で不正な資金流用や利益相反に該当する取引があったことについて、３カ月後の２０２１年10月８日付で公表した。

泉氏も第三者委員会による調査の対象だったが、「社外監査役の職責を果たすものであると評価できる」という評価が下された。

社外監査役はもう1人いた。税務顧問だったこの社外監査役は、第一カッターと子会社の不適切な関係を事前に把握していたが、何もしなかったという。第三者委員会は社外監査役として不適切であることを強調し、「その適格性に疑念を抱かざるを得ない」とした。

第一カッターの品質管理部長などを務めた常勤監査役も裏金の存在を知っていた。だが、会社側から「過渡的な措置だ」と聞いて何もしなかったという。これについて第三者委員会は裏金づくりが2年以上も是正されていないことを指摘し、「監査役として善管注意義務違反が認められる」という厳しい評価だった。

泉氏の監査役辞任と会社の対応

その後、泉氏は常勤となり、第一カッターのガバナンスの再建に携わったのだが、2022年3月末、監査役を辞任した。元々、CSR（企業の社会的責任）やSDGs（国連の持続可能な開発目標）の分野の専門家で、大学の教員や研究員を務めたことがあった。新たに大学の教員職に内定したため、第一カッターの監査役は辞めることになったというが、それだけではないようだ。

2022年の9月9日付で第一カッターの株主総会の招集通知が開示されているが、その中の「役員の辞任又は解任に関する事項」という項目において、泉氏自身が提出した辞任の理由が4ページにわたって記載されている。

理由の1つは、経営者から監査役としての報酬について、減額要求があったためだとしている。泉氏は不要な混乱を避けるため減額を認めたが、監査役会での決定事項に代表取締役が介入するのはガバナンス上問題があると指摘している。

さらに泉氏は、不祥事の調査をしていく中で、経営者がガバナンス強化を理由に監査役会設置会社から監査等委員会設置会社への機関設計の変更を進めていること、そして移行後は自分が選任されないことを知ったという。監査役は独任制で1人でも調査することができる。それを防ごうとして監査等委員会設置会社に移行するという意図を感じ取り、「ガバナンスを弱体化させる方向」と受け止めたことも理由に挙げている。

これに対して第一カッター側は、招集通知の同じページで「監査役報酬の決定の手続きに瑕疵はなかった」と反論している。

なお、第一カッターは第三者委員会の調査報告書が出たあとの2021年10月29日、再発防止策を発表した。「コンプライアンスを真ん中に置く企業文化を創る」「内部通報制度の充実化」「社内コミュニケーションの改善」など10項目の施策を打ち出したほか、代表取締役社長の報酬の自主返上（50%を6カ月）や、常勤と社外監査役の辞任と役員報酬等の一部返納を盛り込んだ。

さらに2023年4月、第一カッターは現職の役員と元監査役ら3人に対する損害賠償請求訴訟を起こしたことをニュースリリースで公表した。役員らを訴えるという異例の事態だが、それでも法制度に則った姿勢を見せている。

監査役のスキル・マトリックスに必要なのは「勇気」

退任した泉氏は、監査役の責務について、「会社の中で不正を知ったとき、社員はやめればそれで済む。しかし、監査役は株主の負託を受けている。まずはやれるだけのことをやる。ベストを尽くし、やるべきことをやったうえで辞任するべきだ。私の場合、やるべきことはやったつもりだ」と語る。

さらに、監査役になった人たちは、就任後に知見やスキルを高める人が多いが、業務を是正させるところまで至らないケースが多いと感じ、「制度を知っていても、行動につながらない。このギャップを埋めるのが勇気や勇敢さだと思います」と語っている。

数年前から、「財務」「法務」や「ＩＴ」「グローバル経験」など役員の能力を一覧できるスキル・マトリックスをつくる企業が増えているが、泉氏はいう。

「監査役の場合、スキル・マトリックスの項目の一つに『勇気』というのがあってもいい」

第2部

ガバナンス最前線

第3章

非財務情報とは何か。その可能性は

「投資家も、これら非財務情報を重要な投資判断材料として使うようになっております。しかしながら、これらは会計監査人の監査の範囲外となっています。会計監査人は非財務情報を一読して、財務情報と矛盾するところがあれば指摘するということに留まっております。したがって、非財務情報の開示が正確であるかどうかの保証はなく、また、保証することも大変難しい一方、資料にある通り目的に応じた基準設定の主体が多数存在していて、その開示要求がどんどん複雑化しています。そういう状況の中で一般の投資家は何を頼りに投資判断をすればよいのか」

「私は専門知識を養ったアナリストの育成が喫緊の課題ではないかと思います。証券アナリストの試験の科目にあるのかどうか分かりませんが、今後、非財務情報、特にEについて試験の課題として、なおかつ合格した後も継続的な専門研修制度、いわゆるCPEに組み込んで最新の知識をアップデートしていくという試みもあっていいのではないかと思います」

（2021年2月15日の金融庁のスチュワードシップ・コード及びコーポレートガバナンス・コードのフォローアップ会議で）

「次に、スキルマトリックスの話ですけれども、意見書に書いてあることは、そのとおりですが、もう少し具体的に申し上げますと、招集通知によく見られるように、マトリックスの表を作って、○×（マル・バツ）で済ますということではなく、内容の充実が求められると思います。特に、海外の例では、スキル・アンド・エクスペリエンスを一人一人、丁寧に説明して、その会社がなぜ、そのスキル・アンド・エクスペリエンスを必要としているかを説明しております。そこまでやらないと、極端に言いますと、独立していれば誰でもよいと、そういう状況は変わらないのではないかと思います」

（2020年12月8日のスチュワードシップ・コード及びコーポレートガバナンス・コードのフォローアップ会議で）

この数年、「非財務情報」という言葉をよく耳にする。特にコーポレート・ガバナンスの業界では、当たり前のように使われている。財務以外の情報という意味で、おおざっぱな表現だが、他に言い方がないのだろう。いずれにしても「非財務情報」が注目の的だ。

この非財務情報という言葉が、国会、それも議員や大臣ではなく、首相の口から出たことがあった。

明治時代の伊藤博文を初代として、100代目の内閣にあたるのが岸田内閣だ。２０２１年10月８日の臨時国会。岸田文雄首相は所信表明演説で、看板政策の「新しい資本主義」を説明。その中で非財務情報という言葉を使った。

「次に、分配戦略です。第一の柱は、働く人への分配機能の強化です。企業が、長期的な視点に立って、株主だけではなく、従業員も、取引先も恩恵を受けられる『三方良し』の経営を行うことが重要です。非財務情報開示の充実、四半期開示の見直しなど、そのための環境整備を進めます」

売り手よし、買い手よし、世間よしの「三方良し」を実現するため、非財務情報の開示の充実を進めるという。

岸田内閣の新しい資本主義で中核をなすのが、分配戦略の見直しだ。これは、企業が生み出した金銭的な価値をだれにどのような形で分配するのか。それを改めるという政策だ。

凶弾に倒れた安倍晋三・元首相は、「攻めのコーポレート・ガバナンス」という言葉でコーポレート・ガバナンス改革を推し進めた。その結果、企業社会に株主重視の流れが生まれた。この株主重視の姿勢は、株主の発言力を強め、特に外資系の投資ファンドを日本市場に招き入れた。それは株高となって日本経済に好循環を生み出すきっかけの1つとなった。その半面、社会に少なからずのひずみを生んだ。

この10年で、配当や自社株買いといった株主還元策が急増した。株価は上がった。短期間で売買を繰り返す欧米の機関投資家は、この株高の恩恵に浴した。半面、労働者の賃金や企業の研究開発費は伸び悩み、横ばいの水準である。格差が拡大したという指摘もある。女性や子供の貧困が社会問題化した。こども食堂も全国に広がった。

岸田首相はこうした状況を変えようとした。それが「新しい資本主義」の本質ではないか。では、利益の適切な配分と非財務情報はどのような関係にあるのだろうか。もう少し、岸田首相の発言を見ていきたい。

首相は「人的資本のための非財務情報」

岸田首相は臨時国会の3カ月後の2022年1月17日の通常国会の施政方針演説の中でも、「非財務情報」を使った。

「人的投資が、企業の持続的な価値創造の基盤であるという点について、株主と共通の理解を作っていくため、今年度中に非財務情報の開示ルールを策定します」

今度は、人的投資を促すため、非財務情報開示のルールをつくるという。

この「人的投資」もなかなか理解しにくい言葉だ。人に対する投資、人に対してお金をかけて育てることを意味する。

通常、従業員に対する給料は人件費ということで会計上費用として計上される。費用が増えれば利益は減る。この会計上の仕組みは変えない。それでも、従業員を事業の元手となる「資本」として受け止め、お金をかけて様々なことを習得してもらい、業績に貢献して利益を上げ、リターンで企業価値を高めてもらうという考え方が「人的資本」だ。

人を資本として扱っていいのか、との疑問はある。結局、人は決算数字として集約されるのか、という疑念は残るが、ビジネス上の言葉なのだろう。

施政方針演説で岸田首相はこういっている。

「資本主義は多くの資本で成り立っていますが、モノからコトへと進む時代、付加価値の源泉は、創意工夫や、新しいアイデアを生み出す人的資本、人です。しかし、わが国の人への投資は、他国に比して大きく後塵を拝しています。今後、官民の人への投資を、早期に、少なくとも倍増し、さらにその上を目指していくことで、企業の持続的価値創造と賃上げを両立させていきます」

非財務情報を積極的に開示させる。そうすれば、人的投資が強化される。そうなると理想的な分配ができ、業績も上がり、みんなが潤う。こんな循環を岸田首相は考えているようだ。

金融庁が非財務情報を定義

では、非財務情報とはどんなもので、どのような役割を果たすのか。

金融庁が「非財務情報」について、一定の定義をしている。2021年9月2日にあった金融審議会のディスクロージャーワーキング・グループで金融庁が示した資料の1つに「事務局参考資料」がある。

この中に、「有価証券報告書の主な開示事項」というページがある。ここで金融庁は有価証券報告書をベースに非財務情報と財務情報の中身を図示している。

財務情報は、連結損益計算書や連結貸借対照表などの会計書類だった。

非財務情報は、大きく「コーポレート・ガバナンスの状況」「事業の状況」「その他」の3つに分けていた。

さらに「コーポレート・ガバナンスの状況」は、「コーポレート・ガバナンスの概要」「役員の状況」「役員の報酬」「監査の状況」の4項目で構成されている。

「事業の状況」は、「ビジネスモデル　経営方針」「MD&A」「事業等のリスク」「研究開発活動」「経営上の重要な契約等」として5項目が並ぶ。この中で、「MD&A」とは、Management's Discussion and Analysis of Financial Condition and Results of Operationsのことで、日本語に直すと

「経営者による財政状況及び経営成績の検討と分析」である。

「その他」には、「設備の状況」「株式の状況」「配当政策」とあった。

これらが有価証券報告書の中で非財務情報にあたる項目ということになる。業績を表す決算数字では表すことができない会社の組織や成り立ち、考え方、社会との関係性を示す情報ともいえる。

これまでの有価証券報告書を見ると、確かに財務情報が圧倒的だった。

それがこの十数年間で、財務以外の情報の開示が急速に増えた。政策保有株の銘柄とその理由、監査法人の継続年数など新しい項目が毎年のように加わった。

その中でも、年々、機関投資家の注目度が高まっているのは、非財務情報の中で中核をなすコーポレート・ガバナンスだ。

●●●飛躍的に増える情報量

企業が開示する書類にはコーポレート・ガバナンス報告書、統合報告書など数種類あるが、投資家の間で最も重視されるのが有価証券報告書だ。歴史があり、法的な裏づけもあって上場企業は提出を義務づけられている。内容は、【企業の概況】から始まり、当期利益やキャッシュ・フローを表でまとめた【主要な経営指標等の推移】、【沿革】や【関係会社の状況】などと続く。

上場企業で、どのくらい非財務情報の開示量が増えたのか。非財務情報の代表格といえる【コーポレート・ガバナンスの状況等】に着目して調べてみた。

見てみたのは、食品大手の味の素の有価証券報告書だ。同社は、ＡＳＶ（Ajinomoto Group Creating Shared Value）という概念を採り入れた経営で知られる。米国の経営学者マイケル・ポーター氏が提唱したＣＳＶ（Creating Shared Value＝共有価値の創造）に由来した言葉で、会社の事業を通じて社会問題を解決して普遍的な価値を創造するという理念だ。同社は会社の目指す方向を投資家に向けてアピールするなど、先駆的なコーポレート・ガバナンスを採り入れることで知られ、２０２１年６月には指名委員会等設置会社に移行している。味の素の有価証券報告書では、【コーポレート・ガバナンスの状況等】がどの程度、変わったのだろうか。

味の素のホームページで有価証券報告書を探すと、２０１３年３月以降の報告書がアップされている。

２０１３年３月期版は全体では１２６ページ。このうち、【コーポレート・ガバナンスの状況等】は９ページ（７％）だった。取締役を15人以下にすることや、社外取締役を選任していることなどを記している。役員の報酬はわずか６行の説明で、役員報酬の算出基準を設け、かつ、諮問委員会で審議しているという内容だった。

また、政策保有株の一覧として30社分を掲載。目的は「円滑な業務の推進のため」が目立った。

９年後の２０２２年３月期の報告書はどうか。全体で２１８ページ。そのうち【コーポレート・ガバナンスの状況等】は、42ページ（19％）。ページ数で５倍近く、割合でも２・５倍ほどになっていた。

具体的にどんなところが違うのか。

2022年3月期と、2013年3月期を見比べると、項目の移し替えがあって単純比較はできないが、それぞれの項目を見ても、説明量がまったく違っている。

例えば、「業務の適正性を確保するための体制」という項目が双方にある。内容が微妙に変わっている可能性もあるが、これで比べてみた。

2013年3月期の報告書は、「関係会社監督規程に定める基本方針に従い、必要事項を監督し、関係会社の経営状況を把握しています」などと3項目で計約400字。

2022年3月期の報告書ではまず、「業務の適正性を確保するための体制の整備状況」という項目を立て、「内部統制システムに関する基本方針」について2ページにわたって説明している。文字数は約1200字と3倍ほど。この中にこんな一文を見つけた。

「監査部は、業務運営組織およびグループ会社に対して業務監査を実施し、その結果を代表執行役社長および監査委員会に報告（ダブルレポート）するとともに、監査対象組織に対して指摘事項への是正を求め、実施状況を点検する。ただし、監査の独立性を確保し効果的・効率的な監査体制を維持するために、監査機能上の指揮において代表執行役社長の指示と監査委員会の指示が齟齬する場合は後者を優先させる」

社長と監査役らの双方に報告するダブルレポートを採り入れる会社は増えているが、社長と監査委員会の意見が食い違う場合は、監査委員会の方を優先することも明確に盛り込んでいる。権力よりも、透明性を確保する狙いがあると感じられる。このほか、監査機能を強化するため、重要なグループ会社では、法律で定められていなくとも常勤の監査役を置くことも盛り込んだ。

監査についての説明も様変わりしていた。

監査委員会による監査では、自ら監査活動することと、内部監査部門を活用した「ハイブリッド監査」を導入したことを説明。コロナ禍で、リモートとして動画撮影を採り入れたとも記している。

会計監査人の監査についても、継続期間が2年で、評価しながら選任していることを強調した。

このほか目を引いたのは役員報酬で、「ステークホルダーに対して、説明可能な内容であり、透明なプロセスを経て決定する」などと記し、6ページにわたって図表入りで展開していた。

さらに2023年3月期の有価証券報告書では、金融庁の制度改正によって、【サステナビリティに関する考え方及び取組】も非財務情報の1つとして加わった。「アミノサイエンスで人・社会・地球のWell-beingに貢献する」という考えから始まり、戦略やリスク管理、気候変動対策などについて14ページを割いている。岸田首相の訴える人的資本についても、「ASVの自分ごと化」「志の醸成と共感」など自らの言葉を使い、グラフやカラーの図で説明している。

トヨタ自動車も倍増

日本最大の企業といえるトヨタ自動車の有価証券報告書も見てみた。味の素と同じように、【コーポレート・ガバナンスの状況等】について、２０１２年3月期の有価証券報告書と、２０２２年3月期の分を比べてみた。

２０１２年版は有価証券報告書全体が１８６ページあった。そのうち11ページが【コーポレート・ガバナンスの状況等】だった。

２０２２年版は全体が１９２ページで、【コーポレート・ガバナンスの状況等】は28ページだった。活字の大きさが微妙に違うなどしてこちらも一概にはいえないのだが、ページ数では倍以上に増えていた。

両年版に共通している項目も見てみた。

「株式会社並びにその親会社及び子会社から成る企業集団における業務の適正を確保するための体制」という項目がある。

２０１２年版は6行で約２００字。「グループの健全な内部統制環境の醸成を図ります」などとあった。これが２０２２年版では50行の約１８００字。10倍近い分量になっていた。報告、品質・環境、コンプライアンスなど業務ごとに分け、定期的なコミュニケーションをとったり、点検作業を実施したりと具体的な運用方法にも言及していた。

役員報酬の説明も大きく違った。2012年版では1ページ程度だったものが、2022年版は4ページを費やして説明。業績連動型と、株式報酬制度について表を使って割り当てられる株数や条件を説明。外国人のケースについても項目を立てていた。

トヨタ自動車のホームページに掲載されている有価証券報告書で最も古いのは2003年(平成15年)3月期のものだ。こちらは大半が財務情報だ。そもそもコーポレート・ガバナンスという言葉すらない。役員報酬について説明する項目もなかった。この20年間で、非財務情報とコーポレート・ガバナンスへの関心が高まったことをトヨタ自動車の有価証券報告書が示していた。

●●●監査しなくていいのか

年々、増え続ける非財務情報だが、大きな問題が浮上している。

企業が記した非財務情報に間違いはないのか。実態を表しているのか。多少は盛っているのではないか。そんな信頼性をだれかがチェックしているのか、という問題だ。

非財務情報の多くは、数字ではなく文章による説明だ。企業が自らの責任で開示しているケースがほとんどだ。

有価証券報告書の財務情報は監査法人などが監査している。1年間かけて綿密に調べる。通帳の残高なども確認する。重要な封書の消印まで確認し、送られた場所を確認する。そして財務報告が適正に表示されているか否かについて、意見を表明する。虚偽表示などがあった場合、監査法人は金融庁から処分を受けることもある。

しかし、非財務情報については監査の対象外だ。

ただ、監査法人や会計監査人が非財務情報をまったく見ていないかといえば、それも違う。監査法人や会計監査人の規範となる金融庁の「監査基準」では、「(有価証券報告書の)その他の記載内容」を通読することになっている。「その他の記載内容」とは、財務諸表と監査報告書を除いたもので、非財務情報とほぼ同じ意味だ。

金融庁の企業会計審議会や日本公認会計士協会は2020年から2021年にかけ、この非財務情報に関する制度を一部、改正した。監査基準や、同協会の監査基準委員会報告書720で、「その他の記載内容」について、大きく以下の3点を新たに決めた。

①監査人が監査の過程で得た知識の間に重要な相違があるかどうかを検討する。

②財務諸表などに関連しない内容についても、重要な誤りがあると思われる兆候に注意を払う。

③監査報告書に、見出しを付した独立した区分を常に設け、報告を行う。

実務に大きく影響したのは③で、監査報告書が少し変わった。

今回もトヨタ自動車のケースを見てみよう。

2022年6月23日付のPwCあらた有限責任監査法人による「独立監査人の監査報告書及び内部

統制監査報告書」の中に下記のような一文があった。

「その他の記載内容

(中略)

その他の記載内容に関して、当監査法人が報告すべき事項はない。」

非常に素っ気ない書き方だが、ＰｗＣあらた有限責任監査法人は、トヨタ自動車の有価証券報告書にある非財務情報について、「目をとおしましたよ。でも、そんなに違和感をおぼえるところはありませんでしたよ」といっているかのようだ。

監査への動きも

トヨタ自動車もそうだが、鉄鋼や化学の大手メーカーの有価証券報告書や統合報告書を見て気づくのが、気候変動対策の記述が急増していることである。

ある素材メーカーの有価証券報告書や統合報告書に目を通すと、「水素還元法など最先端の技術で二酸化炭素を削減します」とあった。CO_2を減らそうという懸命な様子が伝わってくる。そして、まもなく、そんなに遠くないうちに「水素還元法」が実現するような印象を受けた。

しかし、現実は厳しい。実験室では成功しているが、実用するメドはまだ立っていないという。

「石炭発電の代わりにバイオマス発電所を建設します」と記した化学メーカーもあった。ただ、実際には、廃止する石炭発電は1基で、他にも数基の石炭発電がある。説明が足りないような気がする。

「容器の一部を再生可能のプラスチックにしました」という食品メーカーもたくさんある。これ自体は評価されることだが、一部とはどのくらいなのかはわからない。いまのところは、企業の良識に任せられているのが実情だ。

各企業の報告書を見ると、環境問題への対応については、あまりにも前向きなことばかりが強調されている感じが強い。有価証券報告書や統合報告書には、否定的な文言はまずない。もう少し、抑制的で第三者的な視点が必要ではないかと思う。

金融庁は、非財務情報の開示について積極的な姿勢を求める。ただ、非財務情報は、中長期的な取組みも多く、仮に将来的な結果が異なっても「直ちに虚偽記載等の責任を負うものではない」との見解も示している。

だからこそ、できれば第三者的な立場の「監査」もしくはチェックがほしいところだ。

日本公認会計士協会の茂木哲也会長は2023年春に朝日新聞のインタビューにこう答えている。

「『監査』という厳格なものかどうかは別にしても、非財務情報の『保証業務』は誰かがやっていくべきだと思います。いま、監査に関する国際団体がサステナビリティの保証に関する基準を策定中です。日本でも、それに従って保証業務を提供していくことになるでしょう」

茂木会長は保証業務は不可欠の流れであることを強調し、その担い手については、「公認会計士や監査法人がもっとも的確なサービスを提供できると考えています。欧州では、ビジネスの標準規格を認定する団体がやっているところもあります。しかし、公認会計士はすでに財務諸表の監査という切り口でその会社のことをかなり把握しています。サステナビリティは企業の活動の1つで、会計士はすでにその会社にどういう課題があるのか把握しているはずです。一番、効果的、効率的にできるのが会計士です。もちろん、会計士に任せるのかどうか社会的な議論を踏まえる必要があります。金融庁でまもなく議論が始まるはずです」と公認会計士が適任であることを訴えていた。

●●●スキル・マトリックス

非財務情報の中で、メディアによく採り上げられるのが、スキル・マトリックスだ。

スキル・マトリックスとは、取締役1人1人の能力を一覧表にした図のことで、2021年6月のコーポレートガバナンス・コードの改訂で導入された。コードにはこう記されている。

「補充原則4－11①　取締役会は、経営戦略に照らして自らが備えるべきスキル等を特定した上で、取締役会の全体としての知識・経験・能力のバランス、多様性及び規模に関する考え方を定め、各取締役の知識・経験・能力等を一覧化したいわゆるスキル・マトリックスをはじめ、経営環境や事業特性等に応じた適切な形で取締役の有するスキル等の組み合わせを取締役の選任に関する方針・手続きと併せて開示すべきである。」

日本企業では長らく、取締役は社内の部長級から選抜されてきた。その人事権は最終的に経営者がすべて握っていた。人事権は権力の源泉だった。

半面、昇格の理由は「会社の判断」とされ、取締役に引き上げられた理由が納得感ある形で明示されることは少なかった。それは経営者の頭の中だけにあった。当然、よいか悪いかは別にしても、恣意的な人事も横行した。「派閥」といわれるゆるやかなグループも存在した。

そんな「ブラックボックス」に少しでも光を差し込もうとするのが、このスキル・マトリックスだ。取締役らの名前を横軸に置き、縦軸に能力や経験分野といった項目を並べる。該当するところに印をつける。取締役らの知見を見るとともに、この会社が取締役らに何を求めて登用したかがわかるという触れ込みだ。

具体例を見ていきたい。

グローバル展開する三井物産の2022年6月の株主総会の招集通知を見ると、スキル・マトリックスの冒頭に「取締役・監査役に期待する主な専門性・知見を示したものです」との説明があった。その人の能力を前提として期待する分野という説明だ。

項目は7つ。「企業経営」、「Strategic Focus」、「Innovation&DX」、「ESG」、「財務会計　内部統制」、「グローバル経験」、「法務・リスクマネジメント」だ。

この中で「企業経営」と「財務会計　内部統制」、「法務・リスクマネジメント」については、言葉の使い方は微妙に違うが、多くの会社でも採用している項目だ。

残りの「Ｓｔｒａｔｅｇｉｃ Ｆｏｃｕｓ」と「Ｉｎｎｏｖａｔｉｏｎ＆ＤＸ」、「グローバル経験」、「ＥＳＧ」は三井物産の独自の項目といえる。

「Ｓｔｒａｔｅｇｉｃ Ｆｏｃｕｓ」は「戦略的注力領域」と訳され、エネルギーソリューション（ＥＳ）、ヘルスケア・ニュートリション（ＨＮ）、マーケットアジア（ＡＳＩＡ）の3つの分野で構成される。14人の取締役に対し、ＥＳでは5人、ＨＮでは1人、ＡＳＩＡでは3人にその能力があると印をつけている。

「Ｉｎｎｏｖａｔｉｏｎ＆ＤＸ」では5人に印をつけていた。

目を引いたのは、「ＥＳＧ」だ。Ｅは環境、Ｓは社会、Ｇはガバナンスで、単なる○×ではなく、Ｅ、Ｓ、Ｇのそれぞれの記号をつけていた。会長と社長には、Ｅ、Ｓ、Ｇの3つともついていた。元トヨタ自動車会長の内山田竹志氏はＥとＧ、金融機関での勤務や大学教授の経験のある学校法人成蹊学園の学園長を務める江川雅子氏はＳとＧがついていた。

「企業経営」と「グローバル経験」では14人の取締役全員が専門性・知見があるとの判断だった。全体的によく考えられているが、投資家がこれを読み解くには、相当のエネルギーが必要だ。

比べるわけではないが、ある中堅の鉄鋼メーカーのスキル・マトリックスを見てちょっとがっかりした。社長は8項目すべてにチェックがついていた。「企業経営」「財務会計」「営業」「環境サステナビリティ」など、万能な経営者のようだが、見る方からすると本当かな、と思ってしまうのではないだろうか。

●●● スキル・アンド・エクスペリエンス

スキル・マトリックスを進化させた「スキル・アンド・エクスペリエンス」という言葉も出てきた。

単なるチェックではなく、言葉で丁寧に説明することだ。

念頭にあるのが海外のケースだ。例えば、英国に本社を置く携帯電話会社ボーダフォンでは、「取締役会は豊富な通信とテクノロジーの経験を持った非業務執行役員が必要であることを確認した」などと文章で説明し、個別の人物についても、文章で経歴や能力を落とし込んでいる。マル・バツだけでなく、文章にすることで、より詳しく、かつ論理的な説明が可能で説得力が増すように感じる。

２０２１年11月10日の朝日新聞の「経済気象台」というコラムに「スキルマトリックス」と題して、こんな論考が載っていた。後半部分を引用したい。

「これまでも新任役員の選任に際しては、株主総会招集通知に、候補者とした理由等が示されていたが、会社の期待と取締役全員のスキルや特性等との関係が不分明であった。今回の改訂（２０２１年のコーポレートガバナンス・コード）は、自社の事業特性を勘案しつつ、特に重要と考えるスキルセットを示し、それにかなった人材の配置を明示することが目的といえる。

今後、スキルを具備しているとされる取締役の場合、その意義を認識し、それを裏切る行動や結果が顕在化する場合には、当然に、会社および株主に対する責任が問われるべきである。それは、スキルマトリックスでの開示内容が不当、虚偽であったと批判されるからである。開示情報は、常に真実かつ公正であることが不可欠であり、無責任な情報開示は厳に慎む必要がある。

別途、経営判断の誤りで損失が出たり、不正等が発覚したりした場合などに、経営陣の在任中の報酬を会社が取り戻す仕組みとして、クローバック条項がある。これにならうならば、開示されたスキルを十分に発揮せず、株主の期待に応えきれていない取締役には、報酬の一部返還を規定することで、スキルマトリックス開示の実効性を確保すべきではないか。（惻隠）」

投資家に得意分野、専門分野を公表する以上、その分野で不祥事や過失があった場合、スキル・マトリックスに基づき、何らかの説明が必要となるのではないかという意見だ。

非財務情報は、会計数値とは違って、文章やストーリーでその会社の実態や姿勢を表すことになる。その分、過大な評価や目標が混入する可能性もある。言いっ放しを防いで、信頼性を高めるためにも、何らかの工夫が必要だ。

第4章

議決権と民主主義の関係は

「はっきりしたいのは、金融庁の資料でも明らかですが、『上場子会社』とはしないで、『上場子会社等』として20%であれ30%であれ、圧倒的な多数を占めている株主の場合にも同じような話が適用できるのではないか、ということです」

（2021年1月26日のスチュワードシップ・コード及びコーポレートガバナンス・コードのフォローアップ会議で）

会社法の解説書をひもとくと、企業が発行する株式には、2つの権利がある。2つの価値といってもいい。

1つは、経済的な価値を追求する権利で「自益権」と呼ばれる。配当を受け取る権利が代表例だ。もう1つは、株主総会の議案に対して議決権を行使することだ。これは会社の経営に参画する権利で「共益権」と呼ばれる。この共益権を定めたのが、会社法308条だ。

308条は「株主（株式会社がその総株主の議決権の四分の一以上を有することその他の事由を通じて株式会社がその経営を実質的に支配することが可能な関係にあるものとして法務省令で定める株主を除く。）は、株主総会において、その有する株式一株につき一個の議決権を有する。ただし、単元株式数を定款で定めている場合には、一単元の株式につき一個の議決権を有する」と定められ、1株が1議決権（票）という基本的な構造を示している。

1株で1議決権（票）とは、ゆるぎのない原則だと思っていた。株を持っている人は自由にこの権利を使っていいと思っていた。しかし、どうやら、必ずしもそうではないらしい。

「親会社」や投資ファンドの横暴、無秩序な買収から経営権を守るため、議決権の行使を制限するという考え方が出てきている。1株1票という大原則にも影響を与える動きだ。議論のきっかけとなった事案を見ていこう。

注目のアスクルの株主総会

2019年8月2日、東京都内のホテルでオフィス用品大手のアスクルの株主総会が行われた。アスクルは珍しい5月期決算で、普段はあまり注目されないが、この年は多数のマスコミが詰めかけた。2週間前の7月17日、大株主でアスクル株の45%を持つヤフー(現・Zホールディングス)が突如、アスクルの創業者の岩田彰一郎社長の取締役再任に反対することを公表したのである。ヤフーだけでなく、株式の11%を持つ文具大手プラスもヤフーに同調し、岩田氏の事実上の解任は決定的だった。

メディアをさらに驚かせたことがあった。ヤフーは、岩田氏の再任を支持した3人の独立社外取締役に対しても「再任しない」と公表したことだ。事実上の社外取締役の解任だ。ヤフーは大株主としての権利を存分に使った。

ヤフーが社長や社外取締役の再任に反対した理由は何か。

それは、アスクルの業績不振にあった。特に、個人向け電子商取引「LOHACO(ロハコ)」の業績が振るわないことにしびれを切らした。実は、ヤフーはロハコの事業譲渡を求めていたのだが、アスクルがこれを拒否し、両者の不仲が決定的になっていた。

大株主が議案に反対票を投じることはよくあることだ。これ自体、何の問題もない。ただ、今回のケースは、アスクルも上場しており、実質的な親子上場だったことが大きな論点となった。

会社法は、親会社について、子会社の50％超の株式を持つことなどと定義する。今回、両者の有価証券報告書を見ると、ヤフーはアスクルを子会社としていたが、アスクルはヤフーを「その他の関係会社」にしていた。

親会社は、子会社の株主総会を通じて役員を送り込み、子会社を支配できる。利益を移転することもできる。

今回、問題となったのは、アスクルは上場しているため、ヤフーとプラス以外の株主も一定数、存在することだ。

仮に、ヤフーがアスクルの意思に反して経営方針を変えさせ、ヤフーが有利になるように仕向けたとすれば、その分、アスクルの業績が悪化する。当然、アスクルの一般株主は損をする。

このように親会社と子会社の一般株主の間には、潜在的な利益相反の可能性が指摘されている。

日本は親子上場が多いといわれる。東京証券取引所によると、２０２０年8月時点で、親会社など支配株主を有する上場会社が６３５社で、全上場会社の17・３％を占めた。このうち親会社が上場している上場子会社は２９３社であった。親会社の信用力でビジネスができるという利点があるため、親子上場が広がったと見られている。

ただ、親会社が子会社の株主に対し、利益相反行為に動いたとしても、外からは見えにくい。知らない間に子会社の一般株主が損をしている可能性も指摘されていた。

利益相反行為のような疑惑をなくして透明性のある企業社会にしようと動いたのが、経済産業省のコーポレート・ガバナンス・システム研究会（CGS研究会、座長・神田秀樹学習院大学教授）だ。

偶然にも、アスクルとヤフーの両経営陣の対立が表面化する直前の2019年6月28日、「グループ・ガバナンス・システムに関する実務指針（グループガイドライン）」を公表し、親子上場について指針を示していた。

その実務指針では、上場子会社について「支配株主である親会社と上場子会社の一般株主の間に構造的な利益相反リスクが存在する」と明示した。そのリスクが存在する具体的な場面として、①直接取引、②一部事業部門の譲渡・関連事業間の調整、③完全子会社化などが実施される場合、などを挙げた。そのうえで、一般株主の利益を守るため、「上場子会社における実効的なガバナンス体制の構築を通じ、一般株主の利益に十分配慮した対応を行うことが求められる」と子会社がより一層、客観性のあるガバナンス態勢を敷くことを促した。具体的には、独立社外取締役の比率を過半数などと多くすることを求めている。

社外取締役の「解任」で波紋

アスクルの株主総会において、質疑の時間になると、株主の1人はこう質問した。

「社長と3人の独立社外取締役の再任に反対するというが、ロハコのことは、そこまでの緊急的な事態なのか」

この質問をアスクル社外取締役の小沢隆生氏が受けた。小沢氏はヤフーの取締役専務執行役員でもある。登壇した小沢氏は「ヤフーの立場から」と話し始めた。

「株主である以上、株価が上がることに最大限、期待している。昨今の業績と株価の低迷で再任しないことにした」と「解任」の理由を説明し、「ゆゆしき問題で、緊急性がある。非常時という認識で一刻も早く正しい形に変えないといけない。ロハコは売り上げが500億円で90億円の赤字」とロハコの収支も公表した。

この発言に対し、議長を務める岩田氏が自ら反論した。

「ロハコはヤフーとの共同事業として進めてきた。毎月の会議で情報は共有している。緊急性があるのか私も疑問だ」

岩田氏はさらに、「(ヤフーもアスクルも)資本市場に参加している。『親子上場』の場合、(親会社の)株主権を抑制するために独立社外取締役がある。本当に緊急なのか」と訴えた。資本市場には守らなければいけないルールがある。いくら大株主だからといって、ガバナンスの要の独立社外取締役まで「解任」していいのか。そこまで事態は急を要するのか、と聞こえた。

独立社外取締役を親会社が「解任」したことは、コーポレート・ガバナンス上、問題があるのでは、という株主の指摘に対し、小沢氏もこれをある程度、認めた。「おっしゃる通りの疑念で、苦渋の選択」と述べたが、撤回することはなかった。

この総会が行われる前の2019年7月下旬から8月にかけ、ヤフーの議決権行使の方針に対し、会社法の専門家からも批判が渦巻いた。

「親会社からなど一般株主の利益を守るのが独立社外取締役の仕事で、その独立社外取締役をいたずらに解任すれば、ガバナンスの基本構造が成り立たなくなる」との指摘だ。企業法務を研究する民間団体が相次いでヤフーに対する疑念を表明した。

日本コーポレート・ガバナンス・ネットワーク（CGネット、理事長・牛島信弁護士）は8月1日、「支配株主を有する上場会社のコーポレート・ガバナンスに関する意見」を公表した。

CGネットは「（経済産業省の）グループガイドラインが示すとおり、上場子会社における独立社外取締役には支配株主からの独立性を求められる。そのため、その判断が支配株主の意向に沿うものでない場合も当然予想されるところである」と前置きし、「しかし、独立社外取締役の判断が自らの判断とそぐわないからといって、支配株主が当該独立社外取締役の再任を拒絶できるとあっては、結局のところ独立社外取締役は、支配株主の意向をうかがうこととなり、本来期待される役割を果たすことができなくなるから、上場子会社において少数株主の利益を保護するための実効的なガバナンス体制を構築することなど不可能となる」と断じた。

さらに「支配株主は、少なくとも自らが一度はその選任に賛成した独立社外取締役については、明白な過誤等がない限り、その再任を拒絶すべきではない」と訴え、ヤフーに対し、「上場子会社のガバナンスの根幹を崩すものに他ならず、当該上場子会社の少数株主の利益を無視した行為と言わざるを得ない」などと議決権行使にあたって抑制的な対応を求めた。

オリックスの宮内義彦シニア・チェアマンが会長を務めていた日本取締役協会（2022年5月から冨山和彦会長＝経営共創基盤グループ会長）も同様で、7月30日付で「独立取締役を緊急性も違法行為もない状態で解任できるならば、ガバナンスの基本構造が成り立たなくなる」と訴えた。

冨山氏は当時、ガバナンスの専門家としてこの問題をマスコミに問われ、「立憲主義」という言葉を使って説明していた。議決権を行使して多数決で決めることを「民主主義」だとする。その民主主義をもってしても犯してはいけない社会の規範がある。それが立憲主義だという。

「人権など何があっても守るべきことがある。人権侵害を多数決で決めていいわけがない。それは会社制度の世界も同じで、今回の独立社外取締役の『解任』はそれにあたる」と述べていた。

コーポレート・ガバナンスを研究し、政策を提言する団体や企業人が、個別企業の問題に対して、ここまではっきりと声を上げることは極めて珍しい。

しかし、結局、岩田氏らの再任案は否決された。新社長には、アスクルＣＯＯ（最高執行責任者）の吉岡晃氏が昇格した。

●●● 支配株主に準ずる株主にも責任

ヤフーとアスクルの一件は、コーポレート・ガバナンスにかかわる人たちを落胆させた。この数年、経営者の規律を高めようと話し合って合意してきたルール・規範が無視され、資本の論理の前で崩れ落ちたように感じていた。

これに東京証券取引所が反応した。

「従属上場会社における少数株主保護の在り方等に関する研究会」という組織をつくり、アスクルの株主総会で示された「親子上場等」の問題点を精査した。

2020年9月1日には「支配株主及び実質的な支配力を持つ株主を有する上場会社における少数株主保護の在り方等に関する中間整理」という報告書を出した。

中間整理では、「現行の上場制度は『支配株主』の定義に該当しない株主には適用されない一方で、上記のように、支配株主には該当しない株主が議決権や取締役会に対する支配力を背景とした強い影響力を持つ上場会社においても構造的な利益相反の弊害が顕在化する事例が生じており、そのような上場会社においても適切な少数株主保護が図られるようにすべきではないかとの指摘」という一文を盛り込んだ。

支配株主とは、過半数の株を持つ親会社のほか、半数までいたらなくても、親類などの持ち分も含めれば過半数を超える株主のことをいう。上場規程では、これら支配株主に対して、子会社と重要な取引を行う場合、第三者の意見をとって情報公開することを求めている。東京証券取引所は、今回のアスクルのようなケースに対しても、何らかの対策が必要との問題意識を示した。

株主総会では、必ずしも株主全員が議決権を行使して投票するわけではなく、30～40%の所有で実際には過半数を確保できるといわれている。

このため、実態に即したルールが必要との声も強く出ている。

２０２１年１月26日に開催された金融庁の「スチュワードシップ・コード及びコーポレートガバナンス・コードのフォローアップ会議」では、テーマに「上場子会社等の一般株主保護等の観点からグループガバナンスの在り方に関する検討」が挙げられた。アスクルとヤフーの件が念頭にあったことは明らかだ。

株主総会での議決権の平均的な行使比率は50～70％との見方もある。つまり、前述のように全体の株式の３割前後をとれば過半数を握ることになる。このため、コーポレートガバナンス・コードにおいては「上場子会社」という表現ではなく、「上場子会社等」と「等」をつけて幅広い枠組みをつくるべきだという意見が出た。

２０２１年６月、コーポレートガバナンス・コードの２度目の改訂版が公表された。上場子会社に関する規定として、以下のような項目が追加された。

「４－８③ 支配株主を有する上場会社は、取締役会において支配株主からの独立性を有する独立社外取締役を少なくとも３分の１以上（プライム市場上場会社においては過半数）選任するか、または支配株主と少数株主との利益が相反する重要な取引・行為について審議・検討を行う、独立社外取締役を含む独立性を有する者で構成された特別委員会を設置すべきである」

「上場子会社等」もしくは「支配的な株主」という案は採用されず、これまでどおり、「支配株主」

を使っている。

しかし、ちょっとした工夫が見られた。

フォローアップ会議は2021年4月6日、「コーポレートガバナンス・コードと投資家と企業の対話ガイドラインの改訂について」という説明書も公表した。その中で、「支配株主は、会社及び株主共同の利益を尊重し、少数株主を不公正に取り扱ってはならない」と少数株主（一般株主）の保護を求め、支配株主を有する上場会社の独立社外取締役の比率などについて「取締役会として支配株主からの独立性と株主共同の利益の保護を確保するための手立てを講ずることが肝要である」と注意喚起を促した。

そして、最後に「なお、支配株主のみならず、それに準ずる支配力を持つ主要株主（支配的株主）を有する上場会社においても、本改訂案を基にした対応が取られることが望まれる」と、「支配的株主」への対応も盛り込んだ。

歴史は繰り返す

しかし、「親子上場」の問題に多少の手当は行われたが、それが不十分だったためか、その後、同じような事態が繰り返し起きることになる。

2022年6月21日、製鉄会社の北越メタル（以下、北越。新潟県長岡市）の株主総会が行われた。焦点となったのは、北越の35％の株を持つ鋼材メーカーのトピー工業（以下、トピー。東京）が提案した取締役候補の議案だ。

トピーは、自社の専務と理事ら3人を取締役として選任するよう株主提案をした。支配的な株主による株主提案は異例なことだ。マスコミの関心も集まった。

今回の北越はもともとトピーのグループ企業だったが、人事などをめぐり関係が悪化していた。株主提案の理由についてトピーは、北越の経営陣はトピーとの協力体制を軽視しており、2020年秋から人事交流が途絶えていると主張した。今後、鉄鋼業界では低炭素化など技術的な課題を解決する必要があり、「トピーの知見やノウハウが不可欠だ」と指摘した。

トピーは、北越の5人の取締役候補については、専務1人と、独立社外取締役となる金融機関出身の2人の計3人に対して反対したが、トピー出身の棚橋章社長と商社出身の1人については「企業価値の維持・向上のためには必要だ」と賛成していた。

北越は正面から議論を挑んだ。「上場会社としての独立性を不当に侵害し、少数株主の利益及び企業価値を毀損（きそん）する」として対抗姿勢を示していた。北越の「従業員有志一同」も反対を表明した。

アスクルとヤフー同様、大株主が独立社外取締役の選任などに反対していいのか、との論点も議論になった。

結果的に、北越が推した候補は37％前後の得票にとどまり、トピーが推した候補は74％前後で承認された。両社が賛成した棚橋社長ら2人は98%だった。

これを受け、北越は6月24日、「株主総会の決議結果をふまえた今後の対応について」というリリースを出した。内容は新体制を受け入れ、「トピー工業との双方向の協力関係の再構築及び強化により当社の技術力・現場力を高め、当社の企業価値を向上させる」とした。

資本の論理は、またもやガバナンスの理想を一蹴したかのように見えた。

一般株主を保護できるか

東京証券取引所は2021年6月、「『フォローアップ会議の提言を踏まえたコーポレートガバナンス・コードの一部改訂に係る上場制度の整備について（市場区分の再編に係る第三次制度改正事項）』に寄せられたパブリック・コメントの結果について」という資料を公表した。103件のコメントについて、東京証券取引所の考え方を1つ1つ示したものだ。

寄せられたコメントの1つに以下のようなものがあった。

「『支配株主』の定義の基準値を引き下げるよう東証と金融庁に求める。株主が発行済み株式の50%未満しか所有していないにもかかわらず、会社を実質的に支配している例が多数存在する。したがって、支配株主の定義が他の先進市場とより整合的な水準となるよう、50%よりも低い基準値を持つように修正されるべきである。例えば、英国のテイクオーバー・コードは、実質的な支配的持分を30%

としている。また、東証と金融庁には、株主の公正な取り扱いを確保するために、英国のテイクオーバー・コードのような法的強制力を持つ法制度を整備するよう求める。現在の法制度は、例えば、部分的な公開買付けや少数株主のスクイーズアウトにおいて廉価な公開買付価格を付すこと等により、株主が少数株主の利益を損なうことを、相当程度許容している」

英国にならって「支配株主」を30％にしてほしいと訴えている。

東京証券取引所の回答はこうだった。

「貴重なご意見として承ります。フォローアップ会議の提言では、『支配株主のみならず、それに準ずる支配力を持つ主要株主（支配的株主）を有する上場会社においても、本改訂案を基にした対応が取られることが望まれる』とされています。各企業においては、補充原則4―8③の趣旨を鑑みながら、適切に対応を行うことが期待されます」

「期待されます」と柔らかい表現ながら、30～50％の保有でも「支配株主」として振る舞うよう要請している。

さらに「当取引所においては、支配株主を有する上場会社における少数株主保護の枠組みについて、引き続き検討を進めることとしており、少数株主保護の枠組みを『支配的な株主』（支配株主には該当しないものの実質的な支配力を有する株主）を有する場合に拡大することについて、その具体的な範囲も含めて議論することを想定しています」と含みも残した。

1株1議決権でいいのか

親子上場をめぐる問題では、大株主の議決権行使のあり方が大きな議論となった。

これら大株主の議決権行使の現状について問題意識を持ち、見直しを求める学者がいる。2010年から4年間、会社法を改正する法務省の部会の委員を務めた早稲田大学の上村達男名誉教授だ。2021年12月には『会社法は誰のためにあるのか　人間復興の会社法理』（岩波書店）を出版し、1株1議決権という株主平等原則のあり方について、デモクラシーの視点から議決権の取り扱いについての検討を提言している。

ヤフーとアスクルの論争において、上村氏はアスクル側に立った法律意見書を裁判所に提出した。独立社外取締役まで事実上、解任したヤフーの対応について、「乱用的買収者に準ずる存在である」とまで言い切った。

「コーポレート・ガバナンスとは、経営権の正当性の根拠をめぐる議論を言う」との立場をとる上村氏は、ヤフーに対し、資本の論理によってコーポレート・ガバナンスのあり方がないがしろにされたと手厳しい。1988年に国際興業の株を買い占めようとした仕手筋に対し、東京地裁が議決権行使を禁止する仮処分を認めたケースを引き合いに出しながら、ヤフーがとった行為を批判した。

問題意識は「親会社」にとどまらない。かねて「資金の本当の拠出者が不明」などとファンドを批判してきた。議決権について配当などの財産権と明確に区別して考え、「議決権は人間の意見・意思の表明であり、企業社会のデモクラシーを表現するものとして、行使する者の人格が問われる」「人間として自らの意見を表明する手段で人格権の発露の場」などの意見を展開してきた。

フランスでは、株を2年以上持ち続ける株主に2倍の議決権を与えるフロランジュ法が2014年にできているほか、英国でも株主総会では原則、（人による）挙手となっているとし、欧米では必ずしも1株1議決権に固執していないと指摘した。

日本でも、株主提案や株主代表訴訟には半年間の株の保有が義務づけられているほか、株主総会で質問できる権利は持ち株数に関係はない。日本でも、株主の権利は必ずしも一律的に平等に扱ってきたわけではないという。

この数年、ＳＤＧｓ（国連の持続可能な開発目標）が叫ばれている。環境破壊など企業と市民や地域がともに考え、対応していくことが喫緊の課題であることは明白だ。上村氏はこれらの状況を強調しながら、「企業の意思決定は市民社会のあり方に大きくかかわる。金銭的な利益だけを追求して短時間で売買を繰り返す法人に議決権を平等に与えていいのだろうか」と問題提起している。

…ＩＰＯなどで複数議決権の活用も

別の視点から、１株に対して複数の議決権を求める動きもある。

経済産業省は2022年11月、公正な買収のあり方に関する研究会を立ち上げた。企業の買収防衛策をめぐり、前年から新聞印刷機の東京機械製作所や、電線メーカーの三ッ星でファンドと会社側が争う事態が起きていた。裁判所や株主総会で一定の結論が出たが、経済産業省は買収防衛策について、一定の基準や新たな指針が必要と判断し、大学教授や弁護士らが議論を始めた。

初会合で経済産業省が用意した資料に防衛手段の1つとして「複数議決権」が挙げられていた。米国ではIT企業などの新規上場の際、頻繁に用いられており、例えば、グーグルの持ち株会社アルファベットは2004年に複数議決権の株式を採り入れている。1株で複数の議決権がついた特別な株式を経営陣に割り当てる方式で、創業者のラリー・ペイジ氏とセルゲイ・ブリン氏の2人は、株式数でいえば、議決権のある株式の1割ほどしか持っていないが、実際の議決権ベースでは51%を握る。他の株主からの批判も強いが、この仕組みを使い続けている。米国で当初、外部から介入を受けたくないマスメディアが利用した。次第にIT企業に広まり、テクノロジー系の企業の4割が活用しているという説明もある。

日本での普及は簡単ではない。経済産業省の担当者は買収防衛策として考えられる手法の1つとして挙げたと説明しながらも、「経営者の権限が強くなるため、機関投資家に反対の声が強い。『複数議決権』をどのように普及させるのかは大きな課題だ」と話していた。

実は、日本でも複数議決権は、ベンチャー企業などが上場するとき、経営権を手放したくない創業者らが活用する制度として認められている。1株で複数の議決権を持った「種類株」と呼ばれる形態のことで、東京証券取引所のルールでもいくつかの条件をクリアすれば認められる。

２００８年に東京証券取引所で制度改正があり、道が開かれたが、これまで複数議決権方式を活用した事例はサイバーダイン社の１社のみだという。２０１４年に上場したサイバーダインは大学発ベンチャーで、ロボットスーツなどの技術を持つ会社だ。経営者は半数近くの出資で、９割方の議決権を握っている。

この方式が使われない理由は必ずしも明確ではないが、経営者の力が強くなって自分たちの思いが通りにくくなるため、機関投資家が嫌うほか、証券会社にノウハウが蓄積していないことが理由と考えられている。東京証券取引所も「使っていいよ」という姿勢で、積極的な活用を促しているわけではないという事情もありそうだ。

この制度を支持するＣＧＳ研究会の委員からは「複数議決権株式がサイバーダインの事例しかない点について、欧米が普通にやっているものが、なぜ進まないのかはきちんと検証すべき」という指摘も出ていた。

トヨタ自動車が一時、長期保有の優遇策

政治の世界では、税金の納める金額にかかわらず、１人１票だ。これは揺るぎない。会社制度という法的な枠組みは、原則１株１票を採用している。日本ではこれが定着しているが、株式と会社支配

の構図をどう考えるのか。

2022年2月21日、経済産業省のCGS研究会は、「複数議決権株式の活用」という資料を用意し、この複数議決権株式の活用について集中的に議論した。だが、意見がまとまらず、2022年7月にまとめた「今後の検討課題」の中で、「企業の中長期的な戦略実現や資本市場活性化の観点、長期保有株主を優遇する観点から、検討していくことも必要ではないか」とした。

複数議決権ではないが、「1株1議決権」に絡み、トヨタ自動車が、長期保有の株主を優遇する、踏み込んだ施策を打ち出したことがある。

2015年6月の総会で、「AA型種類株」の発行を決めた。これは事実上、元本を保証して1.5%を配当する代わりに5年間は売買できないという仕組み。環境車の開発などに投資するため、中長期の業績を重視する安定株主をつくるのが発行の目的だった。

ただ、一部の機関投資家には「意図的に安定株主を作っている」と不評だった。トヨタ自動車は「一定の成果を上げた」と2020年に4800億円を買い戻してこの制度は終わった。トヨタ自動車の試みは将来、どのように評価されるのであろうか。また、トヨタ自動車の次は出てくるのだろうか。

第5章

品質不正に内部統制で立ち向かう

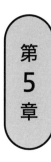

「最初は誰かがおかしいと思っていたかもしれません。でもその声を組織の上の人間がきちんと吸い上げず、そのおかしい状態が常態化してしまうと、もう誰もおかしいと思うことができなくなってしまいます。そこへ他から別の人がやってきて、『これはおかしい』と指摘しなければ、ずっと分からないままです。人間、同じ価値観に染まってしまうともう分からないものです」

（「月刊監査役」2018年5月号に収録された日本監査役協会・正副会長座談会より）

「経営者が全社的な視点でリスク評価を行って、その結果を取締役会に報告して、リスク評価の妥当性、リスクの見落としがないかなどの議論を徹底的に行うというプロセスを明確化するということが重要だと考えております。そのようなプロセスを経て、リスクの高いテーマを選定して内部監査を実施して、内部統制体制を構築する必要があるのではないかと思います」

「リスク評価の際に重要なのは統制環境だと思います。社内で自由に意見交換ができる環境なのか、トップが内部統制の重要性を分かりやすい言葉で発信しているか、不正が発生しやすい環境になっていないか、あるいはなっていると現場が感じたときに自由闊達な議論ができる雰囲気があるか、そういった下の声が通る環境であるか。結局は、トップが透明性高い改善策を説明するということができているか。こういう意味での統制環境が大変重要だと思います」

「訂正報告書を出しました、これで終わり、翌年は不備ありませんでした、で済むとは思えないのです。済まないのであれば、その翌年も同じように、今度は改善をどういうふうにしたか、内部統制体制をどうやって整えたか、もっと具体的な記述を要するのではないでしょうか」

（いずれも2022年10月13日の金融庁の企業会計審議会内部統制部会会合で）

2018年4月10日、日本監査役協会の第86回全国会議が横浜市で開催された。会議のタイトルは「社会的信頼に応えるための企業の課題―経営と現場をつなぐ監査役等の役割」。

当時、神戸製鋼、日産自動車、スバルなど日本を代表するメーカーにおいて、検査データを改ざんするなどの品質・検査不正が相次いで発覚していた。「現場で起きていることを経営執行部が認識していない」「外部への通報により発覚し、結果として対応も後手後手」といった指摘が出ていた。

こうした問題を受けて行われたパネルディスカッションでは、登壇者から「経営と現場が乖離している」という指摘が相次いだ。

その「乖離」は、果たして現場の責任なのか、それとも経営者の責任なのかについても議論になった。パネリストの1人のオムロンの常勤監査役の近藤喜一郎氏はこういった。

「問題の根源は、やはり経営側にあると思います」

近藤氏は「報道を見ている限り」と断りながら、「生産性や納期最優先、収益重視の経営姿勢というプレッシャーが何らかの形で現場に落ちてきているのではないか」と述べた。

内部統制は人間でいえば神経か

では、どうやってその乖離を埋めるのか。パネリストの1人、青山学院大学名誉教授の八田進二氏が1つの「処方箋」を紹介した。

八田氏は「キーワードは内部統制」といった。

「例えば」として、足の指先にけがをしている状態を例に挙げた。足指のけがに気づかなければ人間はどうなるのか。次第に運動能力は落ち、治癒もできない。神経系統が機能していなければ、人の体は時間を置かずに機能しなくなる。「企業においてこの神経系統が内部統制にあたる。まずは、内部統制を整備して運用することが大切だ」と説明した。

八田氏はさらに「それぞれの部署、それぞれの担当者が自分に与えられた役割（責任）の意味を感じて、完全に履行していくことが必要」と現場の責務にも触れ、「果たしてきた役割や、命じられた業務に対し、報告、説明を行い、納得してもらうアカウンタビリティの概念が欠落している」と説明責任の大切さを訴えたのだった。

●●● 終わらない品質不正

この全国会議から4年半。２０２２年10月６日と７日に、第95回日本監査役協会全国会議が開催された。まだコロナ禍が完全に収まらない状況ということもあり、神戸市の会場とライブ配信の併用で行われた。

テーマには「予測困難な時代のリスクマネジメントと監査役等の役割」が掲げられた。企業経営には切っても切り離せないリスクをどのようにコントロールしていくのか、という内容だ。

2日目の7日、「企業不祥事発覚時に監査役等がとるべき対応とその勘所～品質不正・トップマネジメントの不祥事・ビジネスと人権の事例を通じて～」というテーマの分科会があった。2018年4月の全国会議と似通ったものだ。

リスクマネジメントの一環としてではあるが、またしても品質不正の問題を取り上げることになった。品質不正は、この4年半途切れることなく、日本を代表する企業で発覚していた。

この分科会の司会を務めた弁護士の山内洋嗣氏は、問題設定の前提として「2010年代半ばから、大きな企業で（品質不正の問題は）やむことがなく、多発している」とその深刻さを改めて指摘した。

続けて、品質不正の法的な問題として、不正競争防止法違反にあたる可能性を指摘し、「当たり前ですが、お客様と仕様を決め、その合意に反したという契約違反、債務不履行になる」と民事、刑事の両面で責任追及される可能性を示した。

●●● 構造的な要因も

パネラーの1人でITの関連部品や医薬品を手がける太陽ホールディングス監査役の杉浦秀徳氏は、2018年に同業者で品質不正が発覚したことに触れた。このケースを調べると、品質事業部長が工場長の下に入っており、「これはまずいということで、社長直轄に」と、他社のケースを見て自社の組織を改善したことを明らかにした。

一連の品質・検査不正の問題では、検査や品質保証を担う部門が製造部門の下に組み込まれ、モノをいえない仕組みになっているケースがあり、構造的な要因といえることが指摘されていた。

２０１８年９月にスバルがまとめた報告書「完成検査における不適切な取扱いに関する調査報告書」では、やはり完成検査を担う品質管理部が製造部門の一部に位置づけられているという組織体制に一因があるとされ、完成検査部門を製造部門から切り離すことが提言された。実は、品質・検査不正は組織の問題でもあったのである。

日本を代表するメーカーの三菱電機でも、品質・検査不正が大きな問題となった。

三菱電機の調査委員会による調査報告書（要約版、２０２１年10月１日）の中に以下のような文章がある。

「品質部門の問題として、可児工場の品質保証課が典型であるように、品質部門が製造部門の傘下にあり、製造部門からの組織的な独立性が確保されていなかった。品質部門が製造部門の傘下組織であった場合、ブレーキをかけることは決して容易ではない。特に、三菱電機では、その人事システム上、多くの従業員は、同じ製作所、同じ工場で長年働いており、人間関係も限定的かつ濃密なものとなりがちであった。また、可児工場や長崎製作所がそうであったように、三菱電機においては、課長に就任するまでは、担当する製品は変わらないことが多く、同じ事業（製品）の範囲内で、設計部門、製造部門、品質部門の間をローテーションする人事も多く、品質部門の牽制機能や独立性を確保することが容易でなかった」

やはり、品質部門が製造部門の中にあったため、牽制がうまく効かなかったということだ。4年前の全国会議で、品質不正についていち早く議論したが、その後も日本を代表するメーカーで次々と発覚した。日本のモノづくりに携わる人はどうしたらよいのか。

パネラーの1人からは「(日本の製造業は)現場、現物、現地の3現主義に戻るべきだ」という声も出た。

対応に苦慮する経済界

経済界は当初、品質・検査不正について、「個別企業の問題」ととらえていた節がある。日産自動車や東レ、三菱マテリアルと立て続けに品質不正が発覚し、2017年12月、経団連は榊原定征会長名で「品質管理に係わる不適切な事案への対応について」という通知を約1400社の会員に出した。

通知は「品質管理に係わる不適切な事案が続いていることは極めて遺憾であり、わが国企業に対する国際社会および国民からの信用・信頼を損ないかねない重大な事態であると受け止めています」とし、会員などに品質管理にかかわる不正・不適切な行為がないか、関連会社・傘下企業を含めた調査を求め、法令や契約の遵守、実効性のある不正防止策の実施を要請した。そして、「法令違反などの行為が確認された場合には速やかに公表し、関係省庁および当会にお知らせください」と記されていた。

要請のとおり、経団連の加盟企業は、品質や検査に関する不正が発覚した場合、経団連に通知してきた。しかし、ほとんどの場合、外部への発表と同時で、この通知による調査が発覚のきっかけとなったケースはなかったと思われる。経団連が出した通知だが、どの企業も形式的な形で運用していた可能性がある。

2018年11月に出された日立化成の品質不正の報告書にはこの経団連の通知を契機として「製品コンプライアンス監査」が始まったことが記されている。しかし、指示があいまいでほとんどのケースでは不正の発見に至らず、「製品コンプライアンス監査の失敗」との項目も立てられているほどだ。報告書には、この「製品コンプライアンス監査」のあと、人事異動でその事業所に赴任した所長が、部下から不正の事実を知らされ、本社に報告したことで初めて不正が発覚したことが書かれている。

経団連の指示は、調査の機運をつくったといえるが、あと一歩、踏み込んだ対応が必要だったのかもしれない。

日立化成は日立グループの主力企業で、当時の中西宏明会長も説明に追われた。

2018年7月5日、日立化成で発覚した不正について中西氏は経団連会館であった定例の記者会見で「極めて残念。絶対にあってはいけないことが日立のカルチャー」と語った。

「(日本の製造業全体の)信頼度にかげりが出かねない」と述べ、経団連として各企業に注意を呼びかけていくことも付け加えたが、会見で見せる口調には、どこかまだ余裕が感じられた。

しかし、その後、日立化成の品質不正が自動車バッテリーやバンパーなど多くの製品で、かつ全国の事業所で見つかるなど日立グループの問題は深刻化していく。

4カ月後の同年11月5日、中西氏は経団連会長の定例会見で「高度成長期につくってきた、品質に対する過信というところでほころびが出ている」「日立グループのブランドを毀損している」と危機感をあらわにした。

ただ、日立化成は上場会社であり独立した管理体制にあるとして「（親会社として）経営の詳細にはタッチしていないし、する立場にない」と親会社としての関与には限界があるとも付け加えた。

この前後、日立グループは数多くの親子上場の解消に取り組んだ。品質・検査不正事案がこの解消を加速させた可能性もある。

一方で、品質・検査不正の問題は、マスコミ的には、地味な話題だった面は否めない。工場という閉ざされた空間で起きたことで、直接、消費者に跳ね返る問題でもない。著名な人も出てこない。テレビのワイドショーやＳＮＳで話題になることは少ない。そこに経済界が甘えたため、なかなか終わりが見えなくなってしまったのではないだろうか。

・・・２０１６年という始まりの年

２０２１年12月23日、三菱電機のガバナンスレビュー委員会の委員長で弁護士の山口利昭氏が記者会見した。

ガバナンスレビュー委員会は、一連の品質不適切問題を受け、内部統制やガバナンスのあり方を考える委員会で、山口氏ら３人の弁護士で構成されている。この日、検証結果（第１報）の報告書を公表した。

山口氏は記者会見において、社外取締役を除き、多くの役員に対し、一定の経営責任を認めたと発言した。

「１９８５年からずっと長く行われている不正もあるが、世の中で品質偽装が起きているように、うちの会社でも同じことがあるのでは、と経営者に意識してほしいのは２０１６年以降。経営責任を問うのであれば２０１６年以降と判断しました」

責任を考えるうえで２０１６年を１つの契機に設定したという。これまであまり見られなかった考え方だ。２０１６年は、「一連の品質不正の皮切り」といわれる神戸製鋼の製品偽装が発覚した年だ。

山口氏はさらに、２０１８年暮れに、三菱電機の子会社であるトーカンでゴム製品のデータ偽装や検査の省力などの不正が発覚していたことを重視。２０１８年以降の三菱電機の監査委員会の責任に踏み込んだ。

第1報の報告書では「取締役会における監督機能の中核としての役割を果たしているものとまでは言い難く」と記し、監査委員会としての活動が不十分だったとしている。さらに「品質不正リスクへの対応の妥当性について問題意識を持ち、対応の妥当性について確認の上必要に応じて取締役会に報告して課題を共有するなど、より踏み込んだ検討を行うことが期待できた」と監査委員会のあるべき姿を描いた。

品質不正の問題では、三菱電機は、あえていえば、「後発組」にあたる。過去にたくさんの他社の事例があったのに、それを積極的に生かそうとしなかったことを山口氏は重視した。

組織が大きいほど、歴史があるほど、改革や変革は容易ではない。一連の品質・検査不正の特徴として、「事故が起きているわけではない。機能や安全性には問題はない」という弁解がつきまとった。三菱電機は、これに甘えてしまったのだろうか。

●●●内部統制とガバナンスの関係は

三菱電機のガバナンスレビュー委員会の最終的な報告書（第2報）は2022年10月20日付で公表された。ここでは、ガバナンスと内部統制の2つの視点で提言が行われている。

ガバナンスの提言として、①モニタリング機関の設置、②取締役会の機能強化、③執行役会議における議論の実質化など多彩な項目を掲げ、経営層に一層の緊張感と意識改革を求めている。

内部統制では、①コンプライアンスプログラムの導入、②企業理念・品質に関する考え方の周知徹底、③品質に係る意識改革に向けた全社的取組、など13項目があった。

ガバナンスの提言は経営層が対象で、内部統制は現場における実務のように映る。報告書の概要版ではガバナンスと内部統制の関係について、こんな考え方を示している。

「改善策は、それぞれが車の両輪であり不可欠なものである。とりわけガバナンス体制の改善なしでは、内部統制システムの改善が図られたとしても、品質不正の撲滅は望めないことを付言する」

たとえ、内部統制ができていたとしても、ガバナンスが不全状態になれば、内部統制もすぐに崩壊する。逆にいうと、ガバナンスによって強固な内部統制を築き、その内部統制をもって品質不正と戦うということなのだろう。

●●● 内部統制、ERM、ガバナンスのストーリーづくり

ガバナンスレビュー委員会委員長を務めた山口氏は、2022年11月5日、日本ガバナンス研究学会の年次大会の統一論題報告・討論に登壇した。

統一論題は「内部統制報告制度を総括する―その本質と規制の意義」。金融商品取引法に基づく「財務報告に係る内部統制報告制度」が2008年度にスタートして14年目になるが、形骸化など

様々な制度上の課題が浮き彫りとなっていた。

日本ガバナンス研究学会はこの年次大会が開かれる4カ月前、研究や議論を広げるため、日本内部統制研究学会から名称を変更していた。さらに11月5日の年次大会において、会長が青山学院大学教授の橋本尚氏（現在、証券取引等監視委員）から、企業法務で著名な弁護士、久保利英明氏に交代することが決まり、新たなステージで学会を再構築しようとしていた。

このような状況で行われた年次大会の討論会の終盤、まとめに入ったところで山口氏は、「新会長に期待したいことは、内部統制、ＥＲＭ（Enterprise Risk Management：全社的リスクマネジメント）、ガバナンスのストーリーづくり」と述べた。

ストーリーづくりという表現で、内部統制、ＥＲＭ、ガバナンスという3つのキーワードの意味づけや連携、さらには相互作用について整理・研修することを求めた。

内部統制、ＥＲＭ、ガバナンスはそれぞれどんな意味があるのか。

山口氏はこの討論会で、1カ月ほど前の10月20日に三菱電機のガバナンスレビュー委員会で最終的な報告書を提出したことに触れた。

「（記者会見で）責任問題ばかりにマスコミの質問が集中した。我々ががんばったのは再発防止。13の内部統制の改善策。すべて社内だけではできない。けれども、ガバナンス改革と一緒にやれば、やってくれるだろう。すべてリンクしている。ガバナンスの力を持って内部統制の改革に力を入れてほしい。今回、名前も変わった意味もそこにあるのでは」と内部統制の問題をガバナンスの力によって解決してほしいと訴えた。

内部統制とガバナンスはどんな関係にあるのか。

日本ガバナンス研究学会は今後の活動方針として「内部統制のみならずガバナンスやリスク管理等に関心をもつ人々に対して学術的・実践的な知見を提供するという社会的な使命を誠実に果たしていくことで、会員の増強や本学会のさらなる活性化に向けて、非営利組織や公的機関の関係者等も含めて、広くガバナンスに関心を有する研究者や実務家にも学会への参加を呼び掛けていきたいと考えています」と説明している。

内部統制は、英語でインターナル・コントロール。逆にガバナンスは統治と日本語に訳す。いずれも、組織の統制や経営者の規律づけをさす言葉だが、内部統制は組織内の仕組みづくりが主で、ガバナンスはもっと広い視点で外部との関係性も含まれている。

わかりにくいのはＥＲＭだ。この中のリスクという言葉が特に意味があいまいだ。専門家によると、価格や戦略、新商品開発など経営者の判断も広い意味でリスク要因になるという。CO_2の削減などの環境問題ではビジネスチャンスにもなり得る。危機管理は経営そのものだ。ノーリスク・ノーリターンという言葉もある。ビジネスチャンスには一定のリスクが内包されている。内部統制を使ってリスクを管理し、果敢に事業に挑むことが求められている。

ガバナンスは、金融庁のコーポレートガバナンス・コードによると、「会社が、株主をはじめ顧客・従業員・地域社会等の立場を踏まえた上で、透明・公正かつ迅速・果断な意思決定を行うための仕組み」とされている。

金融庁の資料では、大きなガバナンスの中にＥＲＭがあり、そのＥＲＭの中に内部統制がある。ガバナンスが包括的概念で、内部統制はＥＲＭの実効性を支える中核的な手段といえそうだ。

内部統制の再構築

金融庁は２０２２年10月13日の企業会計審議会内部統制部会で、「内部統制基準・実施基準等の中で、内部統制、ＥＲＭやガバナンスとの連携に関する記述を明確化すべきか」と投げかけた。

この内部統制部会では10月13日を皮切りに、「財務報告に係る内部統制報告制度」について集中的に議論している。

２００８年春に始まったこの制度が必ずしも有効に機能してこなかった、との認識が共有され、どうしたらこの制度を生かせるのかという視点で意見を出し合った。

経営者は内部統制システムを構築し、自らそれを評価し、有効性を公表する。当然、完全なものにできないことも想定され、その場合は「開示すべき重要な不備がある」と報告書に記すことになっている。

しかし、内部統制報告制度には、この運用や開示が形骸化しているという指摘がつきまとった。

例えば、２０１８年度の内部統制報告書で「開示すべき重要な不備があり、内部統制は有効ではない」とした件数は34件あった。しかし、これとは別に訂正報告書という形で、「有効」から「有効でない」とした件数は59件と2倍近かった。

34件の中にも、不祥事を受けたケースがあると見られ、金融庁の担当者は内部統制部会で、「当初、『有効』でしたが、後日、不適切な会計処理が発覚し、訂正有価証券報告書等の提出を契機として『有効でない』に訂正されるケースが大きな割合を占める年度が見受けられます」と解説した。

経営者が自ら評価したうえで「有効でない」と判断することはまれで、不祥事発覚後にやむを得ず訂正という形で公表するケースが多く、制度の実効性が問われ続けてきた。

その結果、金融庁は２０２２年12月８日の企業会計審議会内部統制部会において、内部統制報告書を訂正した場合、その理由を公表してもらうことを決めた。会計監査人に対してもプレッシャーをかけた。内部統制が有効ではないと経営者が判断した場合、「その旨を監査人の意見に含めて記載することが適切である」と監査の基準に付け加えた。

さらに、「内部統制は、組織の持続的な成長のために必要不可欠なものであり、ガバナンスや全組織的なリスク管理と一体的に整備及び運用されることが重要である」と書き込んだ。

金融庁の幹部は「週刊経営財務」（№３６０６、２０２３年5月29日）の対談記事で「小さな改訂に見えるかもしれませんが、コーポレート・ガバナンス改革と連動する全体像の中の一部として捉えていただくことが重要です」と指摘している。

ガバナンスやＥＲＭとリンクすることで内部統制報告制度が機能し始めるときが来るのだろうか。

●●●本田宗一郎のモノづくり

日本社会では、昇進することを「えらくなる」という。会社の課長、部長、そして役員を目指す人生を「サラリーマンすごろく」と揶揄する言葉もある。

確かに責任は重くなる。年次や経験がその人に厚みをもたらすことは確かだ。しかし、昇進したからといって必ずしも人格的に高まるわけではない。

欧米の雇用形態はジョブ型といわれ、職種によって給与などが分類される。例えば、クラーク（事務補助者など）はクラークとして誇りを持って仕事をしている。どのポジションでも、矜持を持って働く人は「えらい」ともいえる。

ホンダを作り上げた本田宗一郎の名言にも、同じような言葉がある。

「課長、部長、社長も、包丁、盲腸、脱腸も同じだ。要するに符丁なんだ。命令系統をハッキリさせるために符丁があるんで、人間の価値とはまったく関係ない。人の偉さというのは、いかに世の中に奉仕したかということだ」

本田宗一郎著『本田宗一郎は語る―不常識を非真面目にやれ』（講談社）に収録されている言葉で、識者との対談の中で発せられた言葉だ。同じページでは、企業や政治家の世襲に対しても正面から異を唱えていた。気骨のある人だ。

本田ほど現場を大切にした経営者はいないだろう。社長退任後、「一人ひとりの社員にお礼を言いたい」と1年半かけて全国のサービス工場や販売店を回ったことは有名なエピソードだ。九州からスタートし、従業員の1人が握手しようと伸ばした手が油まみれだったことに気づいて引っ込めたが、本田は「いいんだよ。その油まみれの手がいいんだ。俺は油の匂いが大好きなんだよ」としっかり手を握ったことを同行した秘書が『人間・本田宗一郎の素顔』（ごま書房）の中で書き残している。

圧巻は『本田宗一郎　私の手が語る』（グラフ社）の中にある、左手のイラストだ。本田の左手には、大きいモノだけで十数カ所の傷痕が残っている。1個1個に簡単な説明があり、「ハンマーでつぶした」「機械に挟まった」などとあり、人さし指の付け根の傷は「忘れた」だった。親指の爪には「この爪は4回ぬけた」とあった。左手があるからハンマーが打てるともいっていた。

もちろん高度成長期の経営者と、21世紀の経営者を一緒にすることはできないが、今回の品質・検査不正問題を考えるヒントにはなるのではないだろうか。

ホンダのホームページには、「120％良品」という本田宗一郎の言葉と当時の従業員の受け止め方が紹介されている。

「100％を目指したんじゃあ、人間のすることだから、1％やそこいらのミスをする。その1％を買ったお客さんには、Hondaは、100％の不良品をお売りしたことになってしまう。だからミスをなくすために120％を目指さなければならないんだ」

当時の従業員の言葉もある。

「あの人のすごさは、どんな時だろうと、お客さん第一なところ。いつもお客さんの立場からモノを見るどころか、お客さんそのものになってしまう。『120%を目指せ』は、口癖でしたね。何かというと、おれはな、駄目な1%に当たったお客さんになりかわって怒ってるんだぞ、ってやられたものです」

だれしもが本田宗一郎になれるわけではない。現代の私たちは、内部統制、ERM、ガバナンスという武器を使って本田宗一郎に近づくべきではないか。

第3部

問われるガバナンス

第6章

3つの類型は理解されるか

「次に、前回の会議で社外取締役が過半数になると、監査役会設置会社という機関設計自体の否定になるという意見がありましたが、私は社外取締役過半数という要請は、日本に根づいた監査役会設置会社という優れたガバナンスモデルを否定するものではないと思います。ただ、海外の投資家にとって監査役制度は非常に分かりにくいので、理解を得やすくするためには、グローバルに分かりやすい社外取締役による効率性ガバナンスと、日本独自の監査役による適法性ガバナンス、この両方を兼ね備えた、いわゆるデュアルモニタリングの監査役会設置会社をプライムとして認めるというような発想であるべきだと思います。そのためには、ガバナンス報告書で、いかに効率性を図り、さらに適法性を重視しているかということを記載する、こういう工夫をしていくことが必要だと思います。私は、日本でまだ多数を占める監査役会設置会社が国際的にハンディを負い続けることなくグローバルに打って出られるように、社外取締役も確保しながら、デュアルモニタリング体制を整えて、プライム市場へという道筋を出せないかと思っております」

（2020年12月8日のスチュワードシップ・コード及びコーポレートガバナンス・コードのフォローアップ会議で）

「最後に、これはこのフォローアップ会議と関係がないかもしれないのですが、この会議に参加して感じたのは、現在の日本のガバナンスの機関設計、監査役会設置会社、監査等委員会設置会社、指名委員会等設置会社という3つの機関設計の1本化を検討する時期に来ているのではないかと感じたことです。ガバナンス・コードの浸透が進んだことに加えて、ガバナンス・コードの検討過程で、取締役の過半数を社外にすべきという議論が出ました。また、取締役のスキル・マトリックスが充実して、社外役員人材の充実が今後本格化すると予想される状況であります。こうしたガバナンス環境の変化を踏まえまして、ガバナンス・コードが適用される上場企業の機関設計について、会社法の改正をぜひ御検討いただきたいと思います」

（2021年3月31日のスチュワードシップ・コード及びコーポレートガバナンス・コードのフォローアップ会議で）

「まず、現状、社外取締役を3分の1以上選任している会社が8割を超えたということは大変よいことでありますけれども、では、一体3分の1にはどんな意味があるのか、2人よりは多いほうがよい、多々益々弁ずるという意味であれば、もちろんいいことではありますが、社外取締役が過半数を占めなければ意味を持ちません。社内の意思決定を覆せるか、という問題意識を持つと、原則は過半数必要で、これが目指すべき方向性だと思います。したがって、社外取締役が牽制を効かせる、そういう仕組みを工夫してこそ意味を持ってくると思います。

課題は、日本の機関設計の制度に問題があるのではないかと思います。まず、監査役会設置会社というのは、取締役が業務執行するという前提ですが、そこに社外取締役を増やすということになると、監視と監督、いわゆる監督する側と監督される側を兼務する状況に陥ってしまう。これでは社外取締役が牽制する上で限界があります。一方、指名委員会等設置会社制度そのものも、各委員会の構成としては社外取締役が過半数を占めていて、そこが取締役会よりも強力な権限を持つ。これもなかなか普及しない原因だと思いますが、そういう問題もある。一方で、監査等委員会設置会社にも課題があるというような意見をおっしゃる方もいらっしゃると聞いております。これらを総合的に勘案しますと、まず、会社法上の機関設計の問題に手をつけることが望ましいと思います。ただ、これはそう簡単に進む話ではないということも十分承知しております。会社法を改正するまでもなく、指名委員会等設置会社をしっかりと機能させるためには、やはり採用した会社が改革に本気で取り組むことが必要だと思います。そういう意味では、プライム市場に上場している会社に対しては、将来的な方向として指名委員会等設置会社に移行することを推奨しては、と思います。なかなかそうはいかないんですけれども、将来的な方向としては、指名委員会等設置会社に移行することを推奨していくと。それから、監査役会設置会社であっても、社外取締役が牽制する仕組みをしっかりとワークさせるということも工夫次第で可能です。私の経験ですが、取締役会で社外取締役が疑問を呈す、あるいは、異を唱えるという場合には、社外取締役にもう一度説明する機会を設けて、納得を得られなければ差戻し、あるいは却下ということもあってしかるべきだと思います。最終的には全会一致で決めるようにするとか、そのような工夫をすることによって、監査役会設置会社でも社外取締役がある程度限られた権限内で実質的なガバナンスの効果を上げる工夫をできるのではないかと思います。この辺は制度に関わってくる問題もありますし、ある意味では、各社のベストプラクティスというのが生きてくると思いますので、今後、投資家の方も、各企業がどういうふうに社外取締役を活用しているのかということを見ていっていただきたいと考えております」

（2022年5月16日のスチュワードシップ・コード及びコーポレートガバナンス・コードのフォローアップ会議で）

取締役会はどのような形態がいいのか。2021年3月31日にあった金融庁の「スチュワードシップ・コード及びコーポレートガバナンス・コードのフォローアップ会議」でこんな議論が正面から行われた。金融庁のホームページから見ることができる議事録で振り返ってみたい。

田中正明氏がこんな発言をしている。田中氏は、三菱UFJフィナンシャル・グループの元副社長だ。

「最後に1点、先ほど岡田メンバーがおっしゃいましたけれども、日本には今3つのガバナンスの仕組みがあります。そろそろ会社法をいじって、1本化するということを考えたらいいんじゃないかという御意見がありました。私もそれに賛同いたします。その点を申し上げて、コメントとさせていただきます」

田中氏はこの場において、3類型の中で1本化するべき類型には具体的に「これがいい」とは言及していない。ただ、田中氏が当時、社長兼会長を務める日本ペイントホールディングス（HD）は指名委員会等設置会社だった。

日本ペイントHDは2019年9月、監査役会設置会社から指名委員会等設置会社へ移行するというニュースリリースを出している。このリリースが興味深い。

移行した理由について、日本ペイントHDは、海外の売り上げが全体の7割にのぼることを強調し、「グローバルな視点から理解されやすいガバナンス体制を実現する必要があります」と説明している。

「理解されやすいガバナンス体制」とはどういうことか。一般的に監査役会設置会社は、海外の投資家から理解されにくいといわれる。監査役は日本独自の制度とされ、海外の人に説明する際に、内部監査人もしくは会計監査人と誤解されることが指摘されている。

その点、指名委員会等設置会社は米国流ともいわれ、海外の機関投資家が戸惑うことはない。日本ペイントHDはこれが利点だという。

日本ペイントHDはまた、ニュースリリースで執行部門の意思決定を迅速化するとともに、「取締役会は戦略的課題に集中することで、グローバル企業として競争力を向上してまいります」と宣言。「戦略的課題に集中する」と説明しているが、監査役会設置会社では、戦略的に集中できにくいという意味にもとられかねない表現だ。

この点に関し、田中氏は2019年1月28日のフォローアップ会議で、ヒアリングに応じた新日鉄住金（現・日本製鉄）の佐久間総一郎氏との間で、こんなやりとりをしている。新日鉄住金は当時、監査役会設置会社だった。

田中氏は、佐久間氏が提出した資料を参考に、監査役会設置会社の場合、取締役会で「重要な業務執行の決定」を求められることを指摘し、「監査役設置会社とほかの形態との一つの大きな違いというのは、この重要な業務執行の決定を取締役会でやらなきゃいけないということですから、毎月1回以上の取締役会をやらないと業務が推進できないということで、この負荷というものが一つの非常に大きなテーマになることがある」と述べた。

この「重要な業務執行」の具体的な内容について、佐久間氏が提出した資料を見ると、①出資や融資を含む重要な財産の処分、②多額の借財、③重要な使用人の選任・解任、④重要な組織の設置、変更等……と7項目あった。これを前提に田中氏は佐久間氏に対し、「どれくらいの頻度で取締役会をやっておられて、それが大きな経営上の負荷になっていないのか」と質問した。

これに対して佐久間氏はこう説明した。

「月1回なり取締役会をそういうことで開くと、何かそれが仕事のスピード感に影響が出るんじゃないかと言われますが、そういうことは全くありません」

佐久間氏は、迅速さに影響はないと、田中氏が監査役会設置会社に持つ疑問を打ち消そうとした。物事を計画的に進めることが重要であると強調し、「執行が取締役会から事前にある枠をとっておけばいいということですから、それはいかようにでも対応できます」ともいった。

田中氏は、2017年11月15日のフォローアップ会議でも、監査役会設置会社のオムロンの執行役常務などを務めた取締役の安藤聡氏ともやりとりをしている。

田中氏はオムロンのガバナンスを評価しながら、「ここまでされるんだったら、どうして指名委員会等設置会社にしないのかということを一番思ったんですね」と述べた。

監査役会設置会社の場合、業務執行に関し、借り入れ案件なども取締役会の議決事項になることを指摘し、「その結果、大体月に1回、取締役会をやるところが非常に多いわけですけれども、今、オムロンさんでは年間何回ぐらい取締役会をやっておられ、そして、そのうちどれぐらいの比率でモニタリングに関する議論をされているのか」と尋ねている。

これに対して安藤氏は、指名委員会等設置会社の取締役会と、監査役会設置会社の取締役会は実質的に機能が異なると説明。オムロンが117カ国でビジネスをやって日々、様々なリスクに直面していることを挙げ、「より現場に近いところで取締役会が機能したほうがいいのではないか、そういう判断で監査役会設置会社を続けるという意思決定をしました」と説明した。

そのうえで「取締役会がモニタリングに徹してしまうと、弊社は守りの面でも攻めの面でも十分なガバナンスを効かせることができないと感じています。そして、その比率ですが、昨年度まではモニタリングとマネジメントの比率というのは7対3ぐらいだったと思います。一方、今年度からは方針を変えましたので、私の印象ですが、今のところ概ね5対5ぐらいのイメージになるのではないかと感じています」などと続けた。

別のメンバーも安藤氏に同じような質問をしている。

「監査役会設置方式の会社でこういう形で見事にやられているわけで、これはこれで大変結構だと思うんですけど、個人的には指名委員会等設置会社にした方が、組織がすっきりするし、意思決定も迅速・明快になるんじゃないかという感じはあるんですが、それに対してお考えがあれば」

これに対し、安藤氏はまず「監査役会設置会社である必要はあるのかというご指摘ですが、実は、たまに海外の投資家からも同様の質問を受けます」と受けた。そして、オムロンは当面、監査役会設置会社形態を維持することを決めていると説明した。指名委員会等設置会社に移行するか、あるいは監査役会設置会社にとどまるかについて、侃々諤々議論したともいう。

結論として、安藤氏はグローバルにビジネスをやっていることを強調。同社が事業セグメントのばらつきが比較的少ないという点を挙げ、「現状の事業ポートフォリオでは指名委員会等設置会社に移行する意味はなく、むしろ監査役会設置会社に任意の諮問委員会、委員会を設置するハイブリッド型機関設計の方が弊社のガバナンスにとっては有効であるというのが結論でした」と語った。

ただ、多くの監査役会設置会社の取締役会がマネジメントボードになりがちだといいながら、「弊社はCEOに権限を委譲してモニタリングを中心に置き、マネジメントボード的性格を薄めていきたいと考えています。但し、現状では、企業価値に大きな影響を与えるようなM＆A案件などの投資や子会社の設立などは取締役会で決議しています。弊社は、指名委員会等設置会社よりも監査役会設置会社でハイブリッドな機関設計をしたほうが、実質的なガバナンスが担保できるという判断をしております」と監査役会設置会社を選んでいる理由を語った。

●●● 異なる生い立ち

3つの類型にはそれぞれ、生い立ちがある。

最も歴史が長いのが監査役制度だ。1899年（明治32年）の旧商法下で始まったとされ、120年以上の歴史がある。ただ、監査役会という組織が法制度に盛り込まれたのは、1993年と比較的最近のことだ。このとき、社外監査役を1人以上入れることも義務づけられた。

法律で定義されているわけではないが、戦後、日本企業の取締役会が担ってきた役割や性格から、監査役会設置会社はマネジメント型といわれる。取締役会が会社の意思決定をし、取締役はそれぞれの部門を代表し、部下に指揮・命令し、管理する。監査役は取締役会に出席するが、議決権はない。したがって、取締役会は業務執行の推進に特化できる。その分、いざというときのために監査役の権限は強大に設定されている。

戦後ながらく、日本企業は監査役設置会社のみでやってきた。経営者が絡む不祥事があるたびに監査役の権限を強め、「商法改正の歴史は監査役の権限強化の歴史」といわれてきた。

それでも、特にバブル経済の崩壊後、日本経済はなかなか立ち直れなかったほか、不正会計や企業不祥事も相次ぎ、経営者の独善ぶりも目立った。

取締役会のあり方と監査役制度が問われ始め、新たに導入されたのが、委員会等設置会社（現在の指名委員会等設置会社）だ。社外取締役を本格的に活用する方法で、商法改正で２００３年度から始まった。取締役会の中に指名、監査、報酬の３つの委員会を設け、それぞれ社外取締役を過半数にする。同じ役員として、業務に専念する執行役も置く。委員会の力は強大で、その決定は取締役会をもってしても覆すことができない。取締役会は業務執行ではなく、監視と監督機関となる。米国型とも、モニタリング型ともいわれる。導入当時、監査役会設置会社と、委員会等設置会社の間で制度間競争が起き、競い合うことで日本企業のガバナンス向上が期待された。

しかし、この委員会等設置会社を採用する会社はわずかで、導入を主導した法務省は完全な肩すかしを食らった。障壁は指名委員会だった。経営者が権力を手放すことになるためだ。次の社長や新しい専務に常務、取締役を決める人事権は、力の源泉だ。これがあるから、みな社長のいうことを聞く。それをだれも自ら手放そうとはしなかった。

不祥事を起こした企業が再発防止策として社会にアピールするため、監査役会設置会社から委員会等設置会社に移るケースはあった。だが、自主的に委員会等設置会社に移るケースはそう、多くはなかった。

法務省は考えた。だったら指名委員会をはずせばどうなるのか。それでできたのが、監査等委員会設置会社だ。法制審議会会社法制部会で議論され、2015年5月に導入された。指名委員会等設置会社のように3つの委員会ではなく、監査の委員会だけ設置する手法で、監査役は廃止された。

監査役会設置会社では、社外監査役と社外取締役の両方の社外役員を置かなければいけないが、監査等委員会設置会社は社外取締役だけで済む。その分、社外取締役を拡充することもできる。監査役や社外監査役を監査等委員の取締役としてそのまま移行するケースもあった。

監査等委員会設置会社は、監査役会設置会社と指名委員会等設置会社の中間的な存在になった。

法務省は指名委員会等設置会社のときと同じ轍を踏まないよう工夫を重ねた。この制度を主導した弁護士の塚本英巨氏の著書『監査等委員会導入の実務』（商事法務、2015年3月31日）によると、監査等委員会設置会社は、マネジメント型とされる監査役会設置会社のようなガバナンス形態をとることができ、かつモニタリング型にもできるとし、「設計の自由度の高い制度」と説明している。

では、どのくらいの会社がそれぞれの機関設計を選択しているのか。

2023年8月に東京証券取引所のホームページの「コーポレート・ガバナンス情報サービス」で検索すると、監査役会設置会社が2210社で、全上場企業の58%を占める。指名委員会等設置会社は91社で2%。監査等委員会設置会社が1514社で40%となっている。監査等委員会設置会社が導入からわずか8年間でこれだけ増えたことは驚異だ。

ただ、大学の教授や弁護士など専門家の中には、「監査等委員会設置会社は、監査役会設置会社よりもガバナンスが下がる」と指摘する人もいる。

監査役は任期が原則4年と長く、独任制でいざとなれば1人で判断して、1人で行動を起こせるためだ。監査役は取締役ではない。そのため「議決権がなく、経営者に対して影響力を行使できない」との問題点を指摘され続けてきたが、半面、取締役の違法行為の差し止め請求権など強力な権限を比較的、自由に行使できる。委員会を設置する2つの類型の場合、取締役にもなるため、自分で議決するものを自分で監査するという自己矛盾を指摘する人もいる。

監査役会設置会社と社外取締役は合わない？

弁護士の武井一浩氏は、「監査等委員会設置会社」の制度を早い段階から専門誌の論考などで訴え続けたことで知られる。

2020年11月18日のフォローアップ会議で武井氏はこう発言した。

「監査役会設置会社は、御存じのとおり取締役会がマネジメントボードであって、監査役会設置会社の取締役会は重要な業務執行事項を決める会議体として会社法で強制されています。こうした業務執行事項を決める会議体に社外の方が半数前後いることを求めるという事態は、監査役会設置会社という機関設計自体の否定ということになるかと思います」

マネジメント型とされる監査役会設置会社に半数前後の社外取締役を入れることは、制度の趣旨を考えれば、矛盾が生じかねない、という指摘だ。

監査役会設置会社は業務執行を優先するため、従来どおり、社内出身の取締役が多数を占めてこそ迅速に運営できる制度だとされる。一般的に、社外取締役はその会社や業界の知識は薄く、採決にあたっては事前も含めて十分な説明が不可欠であり、取締役会決議においてスピード感が欠けることもあるといわれる。

武井氏はさらに「しかし、日本の上場会社はおよそ監査役会設置会社を採ってはいけないということのメッセージまで出すのはちょっと難しいのではないかと思うところであり、従って、スタンダードを含めたコード全体であったり、過半数であったりとか、そういった議論は難しいのではないかと思います」と語った。監査役会設置会社が存在する以上、社外取締役を過半数入れるということをコードに盛り込むことは難しいという考えのようだ。

それぞれに利点と課題か

日本監査役協会では、三菱重工、日本製鉄と2代続けて取締役でもある監査等委員が会長を務めている。特に2021年11月に会長に就いた日本製鉄監査等委員の松野正人氏は、朝日新聞のインタビューで、監査等委員の制度について「取締役としての責任は付加されますが、監査活動の充実にとってはいいことだと思います」と述べている。

日本製鉄は2020年6月に監査役会設置会社から監査等委員会設置会社へ移行した。監査役は独任制で、1人で動くことが基本だ。松野氏は、監査等委員会は組織監査が中心で、内部監査部門の監査結果を活用して監査を実施するという建てつけだと説明。

そして「(監査等委員会設置会社は)これから増えていくと思います。グローバリズムの中での企業統治と日本流の伝統的な仕組みを考えた場合、現時点においては監査等委員会設置会社が日本企業にあった機関設計ではないかと思います」と語った。

3類型には、それぞれに利点と課題がある。

確実に増え続ける社外取締役を存分に活用することを考えれば、海外の投資家に説明しやすい指名委員会等設置会社にも可能性がある。

もちろん監査役会設置会社においても、社外取締役がしっかりとワークすれば、大きな力になる。

それに監査役が加われば、鬼に金棒になるかもしれない。その一方で、監査等委員会設置会社は急速に上場会社の支持を受けている。現状をどのように考えればいいのか。

●●●どこに収斂すべきなのか

監査役は取締役会の議決権を持っていない。それでも、非常時には経営と正面から対峙し、株主の権利保護に全力を尽くすことができる。1人以上の常勤が義務づけられ、任期も4年と長い。

監査等委員会設置会社や、指名委員会等設置会社の場合、各委員は取締役会の議決に加わるため、普段から経営者に牽制を効かせることができる。ただ、議決時に意見を述べても多数決には従わざるを得ない。場合によっては自分たちが議決に加わった案件が監査の対象になる可能性がある。さらに監査委員や監査等委員には常勤が求められていない、などの課題もある。

3つの類型はどこに収斂するべきなのか。

監査という視点からいえば、監査役会設置会社が最もいいのかもしれない。ただ、何度も繰り返すが、監査役制度の大きな課題として指摘されることが、海外の機関投資家に理解されにくいという点だ。

日本監査役協会は、海外の機関投資家に監査役制度を理解してもらおうと、英文の名称を真剣に考えた時期がある。2012年のことで、弁護士の武井一浩氏を議長に英文呼称検討諮問会議を立ち上げた。メンバーは東京大学教授の神作裕之氏、トヨタ自動車監査役の一丸陽一郎氏らで、コーポレート・ガバナンスに関して、日本を代表するような顔触れだった。

3カ月後の2012年8月、統一の英文表記を発表した。

日本監査役協会はそれまで、「Corporate Auditor」もしくは「Board of Corporate Auditors」を推奨してきたが、「Auditor」という単語では、会計監査人もしくは内部監査人と誤解されがちだったという。

日本監査役協会が決めたのは、監査役は「Audit & Supervisory Board Member」で、監査役会は「Audit & Supervisory Board」。監査と監督機能を持って取締役会に参加する人、という意味だろうか。監督を意味する「Supervisory」を入れたところに、当時の協会長だった太田順司氏の思いを感じる。太田氏は「監査役は違法性監査にとどまるべきではない。業務の妥当性にもどんどん踏み込むべきだ。実際に私はそうしている」といっていた。

監査役にどこまで監督機能が求められるのだろうか。

監査役の権限は違法性（適法性）監査にとどまるという学説が長らく支持された時期もあるが、現在は妥当性監査の権限を持っているという共通認識ができているようだ。コーポレートガバナンス・コードでも「自らの守備範囲を過度に狭く捉えることは適切ではなく、能動的・積極的に権限を行使し、取締役会においてあるいは経営陣に対して適切に意見を述べるべきである」としている。日本監査役協会の監査役監査基準の第2条でも「監査役は、取締役会と協働して会社の監督機能の一翼を担い、株主の負託を受けた法定の独立の機関として、取締役の職務の執行を監査することにより、良質な企業統治体制を確立する責務を負っている」とうたっている。

監査役制度はこれからどうなるのか。日本のコーポレート・ガバナンスを考えるうえで、3類型の1本化とともに大きな焦点だ。

混乱も

3類型は名前が似ている。「監査」「委員会」という文字はそれぞれ2つの類型に使われている。何より関係者の頭を悩ませるのが、「等」の場所だ。指名委員会等、監査等委員会と「等」の場所が委員会の前後になる。まるでクイズのようだ。

指名委員会等の「等」は、監査委員会と報酬委員会のことだ。監査等委員会の「等」は、監督のことだ。法案審議の段階で監査・監督委員会設置会社と呼んでいたため、「監査・監督」が「監査等」になった。

なぜ、こんな判別がつきにくい名前を採用したのだろうか。法務省の担当者も、どんな名前をつけるのか悩んでいたと聞いたことがあるが、事務的かつきまじめに処理した結果、いまの名前になったのだろう。やむを得ないことだと思うが、専門家しかわからない閉じた空間にしてしまったような気がする。

2023年春、売上高が2兆円に迫る企業がある不祥事で記者会見を開いた。その場で、ある新聞社の経済部記者がこんな質問をした。

「確認させてください。コンプライアンス委員会と監査等委員会というのは、もともと社内で設置されている委員会でいいのでしょうか」

確かに監査等委員会は法で定められた組織で「もともと設置されているもの」ではある。だが、会社法で定められた機関である取締役会の一形態だ。この企業は5年前に監査役会設置会社から監査等委員会設置会社に移行していた。コンプライアンス委員会についても、大企業であれば、だいたいは社内に設置している。応対した役員は、淡々と「そうです」と答えた。

普段から忙しい新聞記者に、3つの類型について正確な理解を求めるのは酷な話だ。専門家の皆さんは「それぐらい」と思うかもしれないが、「監査役会設置会社のトヨタ自動車は～」とか、「監査等委員会設置会社の日本製鉄は～」「指名委員会等設置会社のソニーは～」と書くことはまずない。

記者だけだったらまだいい。最近、企業の広報文で「ガバナンス強化のため、監査役会設置会社から監査等委員会設置会社に移行しました」との一文を目にする。

監査役会設置会社は制度上、監査等委員会設置会社や指名委員会等設置会社に比べ、ガバナンス的に劣るのだろうか。

それぞれに課題を抱えたまま、3つの制度が混在しているのが実情だ。その位置づけや評価が定まらないまま、乱立している状態ともいえる。この事態を立法当局はもっと深刻に考えるべきではないか。

第7章

政策保有株の是非

「政策保有株式は配当だけの利益ということであれば、投資コストが賄えておらず、経済的には正当化できません。最近、有価証券報告書において開示が強化されていますが、実際の説明は取引関係の強化とか事業拡大等というのが目的としていて、定量的な効果を記載することが難しいとしているところが多いと思います。危惧いたしますのは、政策保有株式の存在で公正な取引がゆがめられることがあるのではないかということです。例えば、保有を続けてくれれば、採算が合わなくとも商売を継続してやるよというような経済合理性に基づかない判断がなされることはないだろうかということを危惧しております。さらに開示を強化するのは限界がありますので、取締役会などで独立社外取締役による厳正な検証に期待をしたいと思います。また、金額が大きい会社については、投資家が対話を通じて改善を促すことも考えられます。1点付け加えれば、政策保有株式の売却益を計上できるという日本の会計基準により、政策保有株式の含み益がいざというときのお守りとなっている面（不測の損失の穴埋めに売却益を計上すること）もあるのではないかと思います。会計基準を変えることも必要ではないかと考えます」

（2021年1月26日、金融庁のスチュワードシップ・コード及びコーポレートガバナンス・コードのフォローアップ会議で）

花見客に酒を売ってもうけようとした2人の男がいた。酒を仕入れたのだが、花見客がいる場所に持って行く途中、2人とも酒を飲みたくなった。

1人の男が所持金をもう1人の男に払って一杯飲み始める。そのお金を受け取ったもう1人の男も、同じことをする。気がついたら酒はなくなっていたという話だが、買い手と売り手が交互に入れ替わることでつじつまがあっているような感覚になる。落語で有名な「花見酒」の肝だ。

日本企業には株を持ち合ったり、もしくは特定の会社の株を持ち続けたりする商慣習がある。これを「花見酒」にたとえたのが、ジャーナリストで経済評論家だった奥村宏氏（2017年に病気により87歳で死去）だ。

A社がB社の株を持ち、B社がC社の株を持ち、C社がA社の株を持つ関係が日本企業に見られることを指摘し、資本の空洞化とともに、相互信任関係が生まれ、経営者の規律が効かなくなることを嘆いた。

株の持ち合いは、戦後間もない1952年、陽和不動産（現・三菱地所）の株が投機筋によって買い占められたことへの反省から、トヨタ自動車など日本の大手企業が安定株主対策として始めたという。

資本の空洞化を批判した奥村氏は、1970年代から「法人資本主義」などという言葉を用いて法人優位の社会構造を批判し、特に株の持ち合いには「経営者が互いに信任することで経営者は能力と無関係に盤石な経営基盤を持つことになり、なれ合いを生む」と警鐘を鳴らしてきた。

２００１年４月に出版した『株式相互持合いをどうするか』（岩波ブックレット）では、商取引を縛って不公正な取引制限につながり、「コーポレート・ガバナンスの不在という状態を作り出し、バブル崩壊経営を生み出した」と強く批判した。日本的な慣習が新陳代謝を妨げていると改善を求め続けたが、ようやく２０１０年代半ばになって、奥村氏の主張が受け入れられ始めたとの印象だ。

金融庁が対策に乗り出す

金融庁が本格的に株の持ち合い対策に乗り出したのは、２０１５年６月から適用した「コーポレートガバナンス・コード」からだ。

コードの中で、金融庁は「政策保有」という言葉を使った。持ち合ったり、業務上の理由で長期間、持っていたりする株のことだ。言葉のとおり、政策的に持つというもので、なかなかうまい言い方だ。ちなみに、純粋に配当や売却して値上がり益を得ようとする場合は、「純投資」と呼んでいる。２０１５年のコーポレートガバナンス・コードの「原則１－４」には「いわゆる政策保有株式」というタイトルで以下のような文言が入った。

「上場会社がいわゆる政策保有株式として上場株式を保有する場合には、政策保有に関する方針を開示すべきである。また、毎年、取締役会で主要な政策保有についてそのリターンとリスクなどを踏まえた中長期的な経済合理性や将来の見通しを検証し、これを反映した保有のねらい・合理性について具体的な説明を行うべきである。上場会社は、政策保有株式に係る議決権の行使について、適切な対応を確保するための基準を策定・開示すべきである」

ここでは政策保有株式について、減らしたり、なくしたりすべきだという明確な方向性は出してはいない。しかし、持っているならその理由を説明すべきだ、という言い回しで事実上、政策保有株は持つべきではないとの見解を明らかにしたといえる。

金融庁が主導してつくった指針ということもあってか、金融機関などはこれに従った。

さらに2018年6月1日の改訂時、強い言葉が加わった。「いわゆる」という言葉もなくなった。補充原則も追加された。

原則の文中に「政策保有株式の縮減に関する方針・考え方」とあるように、「縮減」という文字が入っている。金融庁と、コーポレートガバナンス・コードを運用している東京証券取引所が明確に政策保有株について、企業は保有しない方向へ誘導する姿勢を表したといえる。

ただ、経営者を律する仕組みであるコーポレート・ガバナンスの視点からこの政策保有株をどう扱うべきなのか、議論は尽きない。

金融庁の資料によると、2010年代半ば以降、上場企業の政策保有株は減少傾向にある。9年間で4割ほど減っているようだ。ただ、減っているのは、銀行など金融機関が持っていた政策保有株が中心で、「事業法人間等での比率は依然として高い水準にある」と記されている。

これらを「岩盤」と表現し、安定株主対策と投資コストという2つの観点で問題視する専門家も少なくない。

・・・パターン化した文言で説明

2010年から有価証券報告書で政策保有株を公表する制度が始まった。企業名と保有目的について最大30社分を開示することが義務づけられた。背景には、海外の機関投資家の声があった。政策保有株（持ち合い株）の解消を強く求めてきたためだ。金融庁は開示することで、政策保有株の解消を促したと見られるが、効果はいま一つだった。

保有目的についてもおざなり感が否めなかった。多くの企業は短く、そっけない文言で済ませた。「取引関係の強化のため」「事業の拡大のため」という言葉だ。

確かに、保有する株式の会社との関係性について、個別にかつ具体的に説明することは難しいのかもしれない。それでも、あまりにも抽象的な一言が目立った。それぞれの政策保有株を吟味し、検討しながら持ち続けている様子は残念ながら、感じられなかった。

海外の機関投資家たちからの批判は収まらず、金融庁は「戦略や事業内容との関連づけを」などと2019年3月期からあと1歩踏み込んだ記述を要請した。開示枠も60社に増やすなどして海外の機関投資家の求めに応じて少しずつ企業に圧力をかけていった。

企業側の反応はどうだったのか。

住友化学のケースを見てみよう。

住友化学は2021年6月から十倉雅和会長が経団連会長も務めるなど日本を代表する化学メーカーだ。

同社は2010年3月期の有価証券報告書から政策保有株を公表。日本触媒や大正製薬などの社名と株式数、貸借対照表への計上額、保有目的を一覧表で掲載した。

2018年3月期までの保有目的を見ると、「事業運営上必要であるため」は日本触媒などで、「取引関係の維持・強化のため」が小野薬品工業など、「財務政策上必要であるため」が三菱UFJフィナンシャル・グループなどとなっている。目的は、「事業運営」と「取引関係」さらに「財務政策」の3つの言葉を使い分けていた。

2019年3月期の有価証券報告書から保有目的が少し長くなった。

日本触媒の株について、「顧客ならびに事業運営上の提携先として良好な関係を維持・強化していくことの重要性等に加え、資本コストを勘案した配当・取引額等の定量的な評価の実施を通じて、総合的に判断し保有しております」と記した。三菱UFJフィナンシャル・グループの株については「競争力のある安定的な資金調達先として良好な関係を維持・強化していくことの重要性等に加え、資本コストを勘案した配当・取引額等の定量的な評価の実施を通じて、総合的に判断し保有しております」と説明した。文字数は多くなったが、数パターンを繰り返す手法は継続している。

縮減は少しずつではあるが、進んでいるようだ。開示を始めた2010年3月期では政策保有株を

215社分としていたが、2021年3月期は137社分だった。

さらに規制強化を求める声

金融庁のスチュワードシップ・コード及びコーポレートガバナンス・コードのフォローアップ会議では、メンバーからのいらだちが見られた。

国際コーポレート・ガバナンス・ネットワークCEOのケリー・ワリング氏は2021年3月31日の会合で「政策保有株式に関して、当初のコードから変更が加えられていませんが、この原則は強化され、政策保有の理由と性格、例えば親会社、子会社またはサプライヤーであるかといったことに関して開示を求めるようにすべきであります。また、政策保有株式の縮減または解消の期間も開示すべきです」と指摘した。

2021年6月に正式決定したコーポレートガバナンス・コードの改訂では、政策投資株に関する文面に変更はない。ワリング氏はこれに不満を募らせ、次回の改訂時に縮減・解消するタイムリミットのような時間軸の制約を盛り込むよう求めた。

一橋大学大学院経営管理研究科教授の円谷昭一氏も「政策保有のところについてなんですけれども、対話ガイドラインのところの改訂、及び東証さんの流通株式比率のところで数字が出てきているということで、今回コード本体では、この政策保有のところに改訂は入らなかったと理解しています」との認識を示したうえで、「補充原則1－4①で株式の売却等の意向が示された場合に、それを妨げてはいけないというところがございますが、私は、個人的には売却の意思を示せないことがそもそも問題だと思っておりますので、今は、売却の意思を示した後にそれを妨げるべきではないになっておりますが、売ってほしいのに言えない、または売りたいのにそれを言い出せないというようなところに何かしらの改訂を今後お考えいただければよろしいかなというふうに考えております」と早くも次回の改訂方法に言及した。

このフォローアップ会議で議論され、コーポレートガバナンス・コードと同時に改訂された投資家と企業の対話ガイドラインでは、政策保有株について、新たに「特に、保有効果の検証が、例えば、独立社外取締役の実効的な関与等により、株主共同の利益の視点を十分に踏まえたものになっているか」との一文が加わり、以下のような文章になった。

「政策保有株式について、それぞれの銘柄の保有目的や、保有銘柄の異動を含む保有状況が、分かりやすく説明されているか。個別銘柄の保有の適否について、保有目的が適切か、保有に伴う便益やリスクが資本コストに見合っているか等を具体的に精査し、取締役会において検証を行った上、適切な意思決定が行われているか。特に、保有効果の検証が、例えば、独立社外取締役の実効的な関与等により、株主共同の利益の視点を十分に踏まえたものになっているか」

「分かりやすく説明されているか」の言葉がポイントだと思う。企業の株を持っている以上、それぞれの理由があるはずだ。紋切り型ではなく、各企業が言葉を見つけて保有目的を公表してほしい。

企業側から疑念も

有価証券報告書の内容について話し合う金融庁のディスクロージャーワーキング・グループでも、政策保有株をどう開示するかが議論になった。

2021年12月1日の会合で事務局を務める金融庁は、政策保有株に関し、①業務提携をしている場合、②議決権行使の基準の説明、③純投資の株式にも一定の開示が必要か、という3つの観点でメンバーから意見を聞いた。

アストナリング・アドバイザー代表の三瓶裕喜氏は、政策保有株について「『自社の自由意思で売却できないリスク資産を保有していること』ですから、マネジメント放棄という問題がある」と指摘し、「合理的な保有理由というのを説明するのは非常に難しいはず」と断じた。業務資本提携についても「株式保有に関し、どのような合意があるのか、『経営上の重要な契約等』の欄に記載すべきだ」とした。さらに純投資目的の株式についても、目的やパフォーマンス実績などの多角的な情報開示を求め、「こういうことができていなくて、純投資をするということはあり得ない」と迫った。

J・P・モルガン・アセット・マネジメントの近江静子氏も「特に取引関係強化を目的とした保有においては、そもそも利益相反関係が疑われますし、政策保有が取引を得るための条件に使われているため、削減できないという説明も度々聞くこともあるということで、公平な競争が妨げられているという、そのような不利益も懸念されると、社会全体としての便益にも資さないと考えます」と批判した。さらに議決権行使について、「少し難しいかもしれませんが、議決権行使判断自体についての開示というものも、ある程度望まれるのでは」と開示の拡大を求めた。

一方で、ＡＮＡホールディングス社外取締役の小林いずみ氏は企業と投資家の双方の立場から発言した。

「政策保有株式ですが、これはなかなか難しいと現場では感じております。というのは、一応、金融庁の定義はありますけれども、その定義には曖昧な部分があるため、それぞれの企業がどういう解釈で区分をしているかによって、実は見え方が違ってしまっている可能性があります。（中略）純投資と政策保有株式というのをどのように分けているのかということの説明を求めるというやり方もあるのではないかと思います」と定義を明確化する案を示した。さらに、業務提携や取引関係の強化などを理由にした政策保有株について、「議決権行使については何でも賛成すると受けとられてしまいがちですが、保有している限りはその保有意義に沿って発言権、議決権を行使したいと思っていらっしゃる企業も多いと思います。むしろそうした保有意義や議決権行使に関して取締役会でどういう議論がされているのかということを開示してもらうという考え方もあるのではないかと思います」と取締役会での議論を公表する案を提示した。

住友化学常務執行役員の佐々木啓吾氏も「ここ数年の間に開示そのものが充実してきたのではないかと思っています。その分、いわゆる有価証券報告書の作成者の負担はかなり増えてきているということを、まず御理解いただきたいと思っております」と実務を担う企業側に対する配慮を求め、「上場企業数は4千社程度ありますので、これもいろいろな規模の企業がございます。そこを十分に勘案していただいて、慎重に検討を」と負担軽減を要請した。

業務提携のときは

2021年12月のディスクロージャーワーキング・グループでは、業務提携と政策保有株の関係性についても議論になった。

東京大学大学院教授の神作裕之氏は、業務提携と絡む政策保有株の場合には開示を促すなどの金融庁の提案について、「正当化できる政策保有株式であるかどうかということを建設的に議論するための情報提供は望ましい」と賛成した。全体の議論の方向性についても、「政策保有株式については事業機密との関係で、情報開示が進んでいない場合が多いと理解しておりますけれども、このように情報が不足している状況の下では、株主資本コストの観点から、当該政策保有株式の保有の是非を判断できないということになり、そのような場合には、機関投資家としては政策保有株式の削減を一律に求めるという傾向になるのもやむを得ないところではないかと思われます」と機関投資家の訴えに理解を示した。

業務提携を結んでそれを公表した場合、政策保有株に理解は得られやすいのかもしれない。

2022年9月1日、航空会社のスターフライヤーと、通販大手のジャパネットホールディングス（以下、ジャパネット）との資本業務提携に関する記者会見が北九州市であった。ジャパネットはスターフライヤー株の14・2％を持つことを表明。ジャパネット社長の高田旭人氏は株の所有について「事業にコミットしたい。利益も享受できる」と説明した。

2022年4月27日に発表した静岡銀行と名古屋銀行の包括的な業務提携でも、株を持ち合うことを公表した。ニュースリリースには、「現在、両行は相手方の普通株式を保有しておりませんが、提携効果を高める観点から、相互に取得する予定です。取得時期・取得株数については、今後両行で協議のうえ、決定してまいります」と記している。

議決権の行使が絡めば、それだけ互いに本気度が違ってくることなのだろう。

議決権は適切に行使されているのか

政策保有株の議決権行使の基準については、コーポレートガバナンス・コードの「原則1－4」で、「上場会社は、政策保有株式に係る議決権の行使について、適切な対応を確保するための具体的な基準を策定・開示し、その基準に沿った対応を行うべきである」とすでに定めている。

大手企業の多くは、「原則として、全ての議案に対して議決権を行使します」としている。しかし、東京証券取引所に提出するコーポレート・ガバナンス報告書の中では「経営方針・戦略等を十分検討した上で、中長期的な観点で企業価値の向上や株主利益の向上につながるかどうか等の観点に立って議案ごとに判断します」などと抽象的な表現が目立っている。

その点、コーポレート・ガバナンスの業界で高く評価されているのは、三井住友信託銀行ではないだろうか。

同行は2021年11月に政策保有株に特化して基準を策定した。そこでは、3期連続で最終赤字の場合、3年以上在任の取締役には原則として否定的な判断をするとしたほか、役員らに対して取締役会などへの出席率が原則75%以上であることを求めた。このほか、不祥事が発生した際も、実効性のある再発防止策の策定や適切な社内処分がない場合、担当の取締役の選任に対して慎重に判断することなど、多岐にわたっている。

ディスクロージャーワーキング・グループは、2022年6月13日付で「中長期的な企業価値向上につながる資本市場の構築に向けて」と題した報告書を公表した。政策保有株式について「保有の正当性について建設的に議論するための情報が提供されることが望ましい。業務提携等を行っている場合については、有価証券報告書の開示項目とすべきである」と打ち出した。政策保有株式の議決権行使の基準についても、積極的な開示を促した。また、一部の企業で、政策保有株式が「純投資目的」と分類され開示していない可能性があることを指摘し、金融庁による実態調査を求めている。

地域経済の発展に必要との声も

政策保有株について、実際の企業の開示状況はどうなっているのだろうか。

東京証券取引所がまとめた「コーポレートガバナンス・コードへの対応状況（2021年12月末時点）」では、83項目に関して、コンプライ（順守する）率を集計して公表している。

政策保有株の縮減を求めた原則1－4でコンプライした比率は93・72％（市場1部）だった。基本原則1は資本政策や買収防衛策など株主の権利や平等性をうたったものが多く、19項目のうちほとんどが98～100％なのだが、政策保有株に関しては比較的低く、6％の企業がエクスプレインしていたことになる。

どんな企業がエクスプレインしているのだろうか。

例えば、有力地銀の1つ「ふくおかフィナンシャルグループ」がそうだ。2022年6月29日付で公表したコーポレート・ガバナンス報告書にはこう記している。

> 【コーポレートガバナンス・コードの各原則を実施しない理由】
> 【原則1－4】・政策投資に関する基本方針、保有の適否の検証内容
> 当社は、政策投資に関して以下のとおり基本方針を定めております。

「政策投資は、取引先との安定的・長期的な取引関係の維持強化、あるいは業務運営上の協力関係の維持強化等を目的とし、中長期的に当社グループの企業価値向上に資すると判断される場合にのみ、限定的に行うことを基本方針とする。当社グループは地域金融機関として、政策投資による関係強化等を通じて投資先の経営課題解決・企業価値向上を図ることが地域経済の発展に繋がり、当社グループの企業価値向上も同時に実現することができる場合等、保有合理性が認められる場合にのみ、限定的に保有することとしております」

ここでは、「地域金融機関として」「地域経済の発展に繋がり」と述べているように、キーワードは「地域」だ。東京に比べると大企業の数が圧倒的に少ない地方では、企業間同士の関係が濃密だ。歴史的にも、親密性からも、簡単には売れないのかもしれない。

コンプライしながらも、一定の保有に理解を求める企業も少なくない。

飲料大手のアサヒホールディングスは2022年6月17日のコーポレート・ガバナンス報告書で【各原則をすべて実施しています】とする一方で、「原則1-4．政策保有株式」について、「当社は、取引関係の強化および取引関係の構築等当社グループの企業価値の維持または向上に資すると判断される場合には、政策保有株式を保有することがあります」と明記し、一定の保有株に理解を求めた。

政策保有株に一定の価値を見出す企業は少なくない。

『「良心」から企業統治を考える』（東洋経済新報社）という本がある。一橋大学商学部教授の田中一弘氏の著書で、人の良心、経営者の良心という視点でコーポレート・ガバナンスをとらえた意欲的な本だ。その中で、社内出身の取締役と経営者について「会社という共同体の一員として、責任と利害を共有している」と指摘し、人と人との距離が近い分、良心を喚起する役割を持っていると分析している。

株の持ち合いについても、「一般株主に比べれば、はるかに『近い』株主である」として濃密な相互作用があり、顔の見える関係だという。業績が悪化した場合、一般の株主はすぐに株を売るかもしれない。しかし、持ち合っている株主はそうはいかない。「牽制の役割を妨げるとしても、良心喚起の機能を促す働きをしたと考えられる」と、持ち合いを評価した。

田中氏以外にも、急激に海外のアクティビストが日本企業の持ち株を増やし、株主還元策の強化や、組織改革など難題を押しつけているように見えるケースもあることから、「株の持ち合いは、乱暴なアクティビストに対して有効な防衛策になっている。一定の持ち合いは認めるべきだ」（企業法務に詳しい弁護士）という意見も根強い。

・・・減っている。減っていない？

『旬刊商事法務』がまとめた2021年の株主総会白書によると、「自社の安定株主比率」で最も多かったのは「50～59％」との回答で全体の22・0％だった。次が「40～49％」で全体の19・2％が回答。「60～69％」は16・6％で、「30～39％」が14・8％だった。

7割の企業では、30％以上の会社側提案を支持してくれる株主がいた。このあたりの割合はこの10年ほど、大きな変化はなく、政策保有株とは別に各企業が安定株主を見つけているのか、それとも意外と減らしていないのか、判然としない。

東京証券取引所が2022年7月に公表した2021年度株式分布調査結果によると、信託銀行を中心に金融機関の所有が26・5％と最も多かった。これらのうち、都銀・地銀は1980年代前半、20％ほどあったが、着実に減らし続け2021年は2・6％になっていた。

次に多いのが外国法人等で25・1％だった。その次が事業法人等の23・6％で、この中には政策保有株も多いと見られる。

いくらで買っていくらで売るかは商売の基本だ。株を持ち合っているから特別なレートが出てくるようなことは、あってはいけないことだ。本当に、持ち合いを解消できないのであれば、理由があるはずだ。それを株主に対して丁寧に説明する必要はあるのだろう。

この数年間で政策保有株を減らしていくという方向性が定まった。一方で、説明責任を果たせば保有してもいいという意見も強くなっている。この議論は当分、続くのではないだろうか。

第8章

社外取締役は空気を読むな

「まず、社外取締役の数ですけれども、私は取締役会の過半数にすることに賛成いたします。現実問題としてほとんどの会社で社内出身取締役が過半数を占めているため、取締役会のほとんどの議題は経営会議等で議論され、もう結論が出ている案件で、それらを取締役会で議論するという実態です。つまり取締役会での議論が単なる形式になっているケースが多いんじゃないかと思います。そういう意味では、社外取締役が批判的な視点から自由に議論するという場が本来の取締役会だと思いますので、社外取締役を過半数にすべきではないかと思います」

「ただ、現実問題としては、社外取締役の候補が大変少ないというのも事実です。従って、私としては、過半数という数にこだわって社外取締役を増やすのは急ぐべきではないと考えます。過半数に拘りますと現行の独立性基準を満たしてるというだけでスキルのない人、例えばCEOが自分のお友達を連れてくるという可能性もあると思います。これはなかなか防げません。社外取締役を増やしていく過程では、スキル・マトリックスなどを○×だけでなく、経験年数などスキルの実態の検証とか、そういうことを十分に行うということも必要になると思います。これは指名委員会の重要な役割になってくるのではないかと思います」

「先ほど、社外取締役候補が不足していると申し上げましたけれども、原因と考えられる点ですが、上場会社のうち、企業出身の独立社外取締役のほとんどが現役の社長・会長経験者ではないかと感じております。事務局からの資料の4ページによりますと、他の会社の出身者の具体的属性、3分の1程度が社長・会長経験者以外ということなので、私が思っていたよりは多くいるのかなとは思いますけれども、それでも社長・会長経験者の半数にとどまっております。私は、社長・会長を経験していない取締役経験者にまだまだ人材がいると思っております。また、少数の人が1人で何社も兼職しているという現状に鑑みまして、社長・会長以外の人をもっと活用する仕組みが必要だと考えております。その意味では、これは議論のたたき台としてですけれども、報酬の有無を問わず、あるいは顧問だとか相談役など役職名に関わらず、社長・会長も含めて取締役引退後にグループ内にとどまっている役員が何人いるのか、固有名詞までは求めませんが、それを開示することを要求してはいかがだろうかと思います。企業も社外取締役人材を提供するということが社会貢献の一部であるという認識を持つべきです」

「ただ、1点だけ私が気になっていますのは、現状、社外取締役の報酬が低過ぎるのではないかという点です。退任前の報酬までは保障できなくとも、相当額を支払わなければ、グループ会社にとどまっていたほうが有利で楽だという現実があるわけです」

「それから、社外取締役が不足している原因のひとつに、ダイバーシティが進んでいないということがあるのではないかと思います。投資家に評価されるために、社外取締役に女性を何人入れたとか、外国人を何人入れたという数に惑わされているような気がします。私は、日本のケースですが、女性や外国人が加わることが重要なのは、彼らが日本の会社の伝統的なヒエラルキーに縛られないということではないかと思います。分かりやすく言えば、英語で訳すとどう言うのか分かりませんが、いわゆる空気を読まないということが大事だと思います。つまり、このような空気を読まない雰囲気で異論を述べる方々が多くいて、その意見を取り入れるという取締役会のあり方が大事だと思います。女性の場合は、一部の方はかなり実力もあり、社外取締役としての意識も高いのは事実ですが、この方々の絶対数が少ない。したがって、同じ方が多くの会社で社外取締役に就いております。これからじっくり育てることが重要です。会社の努力も求められますけれども、投資家の皆さんも対話などを通じて女性役員を鍛えて育てていただきたいと思います。また、本人たちも自ら進んで批判にさらされるようにして自らを鍛えてほしいと思います。外国人は空気を読まないというふうに申し上げましたが、直言することを期待いたします。そのためにも外国人を増やすことが望ましいと思います。最近の環境では、英語などの多言語で同時通訳をするツールも開発されつつありますので、これらを改良しながらコミュニケーションを向上させることは可能であると思います。ただ、一方では、これも報酬の話なんですが、実際に外国人の取締役を日本で採用した場合には、日本人の取締役と報酬が全く異なるケースもあると聞きます。これも課題の一つではあると思います」

（2020年11月18日のスチュワードシップ・コード及びコーポレートガバナンス・コードのフォローアップ会議で）

2022年6月28日に行われた東芝の株主総会において、再任されたばかりの1人の社外取締役が辞任した。何があったのだろうか。

辞任した社外取締役は、元名古屋高裁長官の、弁護士の綿引万里子氏である。

東芝は説明に追われた。同日のニュースリリース「定時株主総会の決議結果を受けた当社役員体制について」の末尾にこう記した。

「なお、本総会において取締役として承認可決された綿引万里子氏は、本総会後の取締役会体制を踏まえ、取締役会が一体となって進むためには、自身が退任することがふさわしいと考え、取締役を辞任するとの申し出があり、これを受理しております。取締役会としては綿引万里子氏の1年にわたるご尽力に対し感謝の意を表します」

ニュースリリースでは「円満退社」のような書き方をしているが、そうでないことは明らかであった。

株主総会の招集通知の「第2号議案　取締役13名選任の件」という文章の末尾にその理由を記した一文があった。

「注」として、「綿引取締役は今井英次郎氏及びNabeel Bhanji（ナビール・バンジー）氏を候補者とすることに反対しております」と記されている。これは会社が提案した候補について、現役の取締役の1人が他の候補の選任に反対するという異例の「注」だった。

今井、バンジーの両氏は東芝の大株主となっている投資ファンドの幹部だ。これまでも、投資ファンド会社が推薦した社外取締役は存在している。しかし、今回は、投資ファンド会社の幹部が東芝の意思決定に直接かかわることになり、話題になっていた。

この綿引氏の注記は総会でも取り上げられた。

質問に立った株主は、綿引氏の考えを評価しながら、「東芝の役員会は風通しがいい。こうであれば数年前の（不祥事）はなかった。詳しく聞きたい」と述べた。

議長を務めた社長の島田太郎氏の指示で、綿引氏がマイクを握った。

「簡単にご説明いたします」という綿引氏。まず、3カ月前の臨時株主総会に触れ、「社外取締役は役に立っているのか、と質問された記憶があります。多様性、公平性、バランスの良い取締役の構成を実現したいと語りました」と説明した。そして、今回の取締役候補について「今回、多様性、公平性、バランスについて、見え方の問題として若干問題があるのではないかと感じた」とはっきりと、ゆっくりと語った。

東芝も今回の社外取締役の選任では、気を遣っている。今井、バンジーの2氏と事前に秘密保持契約などの合意書も交わしている。

綿引氏は、これについても言及した。「多くの法律事務所の見解を取ったと説明があったが、ただ、情報管理の徹底、潜在的利益相反の回避等々の問題でこの合意書には不足があるのではないかと考えた。のちに株主から十分に考えたのかと聞かれたとき、この合意書でいいと言った場合、善管注意義務が果たせないのではないかと考えた」

合意書は、東芝のホームページで見ることができる。この合意書では、2人は東芝で得た情報を外部に漏らさないことになっている。

だが、この合意書を分析した企業法務に詳しい東京霞ヶ関法律事務所弁護士の遠藤元一氏は「秘密保持の点で広い例外規定がある」と指摘している。場合によっては、投資ファンド会社の関係者に情報を伝えることができるようにも読み取れるという。綿引氏がいうように「情報管理」「利益相反を回避」の点で十分ではない可能性があるという。

綿引氏が東芝の社外取締役を務めたのはわずか1年。就任した2021年6月の株主総会も混乱の中で執り行われた。

この年の総会の直前、東芝の事実上の依頼により経済産業省の参与が2020年7月にあった総会で米国の機関投資家に圧力をかけていたという調査報告書が公表された。東芝は急きょ、定時株主総会に諮る予定だった元新日本製鉄監査役の太田順司氏の取締役選任案を変更するなど対応に追われた。

機関投資家に圧力をかけていたという疑惑は米国のメディアが先行して報道していた。

太田氏を委員長とする監査委員会は2021年2月、法律事務所の調査をもとに「当社（東芝）が、不当な圧力を掛けさせようとするなどして不当な干渉に関与したことは認められなかった」と結論づけていたが、これが完全に否定された形になる。

太田氏は日本監査役協会の会長を務めるなどコーポレート・ガバナンスの世界では知られた存在であり、東芝のガバナンスの立て直しのため招聘されたのであった。それがガバナンスを立て直している最中、自らもガバナンスの問題に巻き込まれ、身を引くことになった。当時、東芝社内から「太田氏をもってしても……」との声が聞かれた。

東芝は2015年にパソコン事業などで不正会計が発覚。2017年には買収した原子力発電所の建設で有名なウェスチングハウス社が経営破綻し、経営危機に直面した。そして、海外のファンドによる増資に助けられた。しかし、そのときに発行した株式数は、当時の株式全体の54％に相当する。結果、議決権の3分の1程度を握られ、経営は外資の意向に大きく左右され、その後の混乱の一因となったのである。

2022年4月に東芝は再建策を機関投資家から募るという奇策に出た。2023年に入り、国内投資ファンドの日本産業パートナーズ（JIP）が2兆円規模で最終的な買収提案をしたことが報道された。

この年の1月8日付の朝日新聞の社説にこう書かれている。

「東芝の国内の企業連合が2兆円強で東芝を買収する案が有力という。実現すれば、ファンド側が東芝株を高値で売り抜ける可能性が高い。『株主利益』の貫徹が、また一つ積み重ねられることになる」

結果的に2023年3月23日、東芝はJIPからの買収提案を受け入れることを決めた。東芝が同日付で公表した「公開買い付けの開始予定に係る意見表明に関するお知らせ」の中にこんな一文がある。

「異なる考えを持つ主要株主が複数存在している現在の状況において、度重なる経営陣の交代や大きな経営方針の変更が行われるなど、当社の経営を巡る一連の混乱は社会的にも広く認知されており、お客様や従業員等からの当社の経営の安定性に対する懸念や、社会的信用に対する不安にも影響が及びかねない状況となっています」

外資系のファンドの退場を図ったことは明らかだった。

綿引氏が問題提起したファンドと経営の関係。その判断と行動には、いまも賛否両論がある。それでも日本の社外取締役の歴史を踏まえれば、大きな足跡を残したことはまちがいないだろう。

●●●学者vs産業界の歴史

1990年代から、日本のコーポレート・ガバナンスの議論の中心は常に社外取締役だった。増やすべきなのか、それとも社外監査役で対応するべきなのか。思い切って義務づけるべきなのか。

先駆的な活動をしたのが、日本コーポレート・ガバナンス・フォーラム（現・日本コーポレート・ガバナンス・ネットワーク＝CGネット）だ。

1994年に日本興業銀行（現・みずほフィナンシャルグループ）の相談役だった中村金夫氏、早稲田大学総長の奥島孝康氏の共同理事長で発足し、1998年に「コーポレート・ガバナンス原則─新しい日本型企業統治を考える（最終報告）」を出している。この中で、「（一）取締役会の改革」の最初の項目に挙げたのが、「①取締役会に、企業と直接の利害関係のない、独立社外取締役を加える」だった。

これらを受け、2001年の法制審議会の部会で社外取締役の義務づけが本格的に議論されることとなった。このとき、社外取締役を活用する委員会等設置会社の導入が決まったのだが、監査役会設置会社に対する社外取締役の義務づけについては、産業界が猛反対した。大学教授らは義務づけを主張したが、まだ、社会的な機運の醸成ができていなかった。軍配は産業界に上がった。

それでも火種は残った。

２００３年には、ＣＧネットのもう1つの前身の団体、全国社外取締役ネットワークができた。代表には、多摩大学学長（当時）の中谷巌氏と、元日本銀行理事の田村達也氏が就いた。セミナーなどで研鑽し、社外取締役の力量を上げ、担い手を増やすことを目的に活動を始めたのだった。

２００９年、社外取締役導入に向けた機運が急速に高まることになる。

この年、金融庁や東京証券取引所などが相次いでコーポレート・ガバナンスの強化をうたう報告書を出した。最も注目されたのが２００９年6月17日付経済産業省の企業統治研究会の報告書だ。この研究会では、社外取締役の義務づけが激しい議論となった。東京証券取引所の幹部らが激しく義務づけを求めたが、産業界側は折れなかった。

経済産業省の研究会の報告書では、「現在の監査役制度だけでは監督・モニタリング機能が不十分との意見が根強かった」と踏み込み、「社外取締役を導入し、開示する」とまで書いた。

しかし、「（社外取締役を）選択しない場合は、当該企業独自の方法で企業統治体制を整備、実行する」と逃げ道をつくり、報告書として「義務づけ」の提案を見送った。

その理由として、「社外取締役の設置を例外なく義務付ける場合のガバナンス上の功罪については、より慎重な検討が必要になる」「形式的に導入を一律、画一的に押しつけることは、実質的に当該企業にとり最適な統治構造をつくりあげる上でも、かえって妨げる場合も想定される」などといった産業界の意見を取り上げていた。

しかし、舞台は法務省に移され、いま一度、本格的な論争が繰り広げられた。

義務づけが必要と訴える東京証券取引所の幹部や大学教授らは、２０１０年４月に始まった法制審議会の会社法制部会で勝負に出た。

２０１０年9月29日にあった第5回の部会で、京都大学教授の前田雅弘氏はこう訴えた。「社外取締役の活用、必ずしもこういう新しい機関設計を導入しなくても、単に1名入れるだけでも、意思決定の透明性を高めるという意味で相当の意義があるのではないかと思います」

この会議では、法務省から監査・監督委員会設置会社（現在の監査等委員会設置会社）の導入が提案された。前田氏は監査・監督委員会設置会社に「全く差し支えないことだと思いますし、むしろ望ましいこと」と賛成した。一方で、「あまり、利用が期待されないのであれば、会社法の下ではただでさえ機関設計は随分ややこしくなっておりますので、これ以上複雑にするのは賢明ではないと思います」と制度が複雑になることに懸念も示している。

東京証券取引所の執行役員だった静正樹氏は、「内外の投資家は、やはり最終的には独立性の高い社外取締役を確保してほしいと望んでいる」と訴えた。

しかし、またしても産業界が立ちふさがった。

日立製作所副社長の八丁地隆氏は「コーポレート・ガバナンスの在り方を基本的に見直すべき立法事実があるかについては、我々としては、ないのではないかと思っております」と言い切っている。監査・監督委員会設置会社についても、「更に実務的に検討を深めていく時間と必要があるのではないかと思っています」と述べた。

幹事として参加していた経済産業省組織課長の奈須野太氏も第4回会合で、「(社外取締役は)過半数の上場企業が導入していないという実態がある」と指摘し、義務づけた場合、その影響が大きいことを強調し、監査役で代替できることもあると慎重な対応を求めた。

産業界が正面から反対し、法務省は押し切ることはできなかった。

担当する民事局は裁判官出身者が幹部を占める。民事局は、知恵を出した。

この部会は、途中、東日本大震災で半年ほど遅れたが、2012年夏、このような結論を示した。社外取締役の義務づけは見送る。しかし、導入しない企業は導入しない理由を株主総会で説明しなければならない。

具体的には「社外取締役を置くことが相当でない理由」という文言を会社法に入れたのである。

社外取締役の義務づけとの折衷案ではあるが、導入しない理由を説明することは簡単ではなく「事実上の義務づけだ」と受け取る人もいた。法務省の担当者もこれを否定しなかった。

政権交代もあって法案審議が遅れ、施行は2015年5月にずれ込んだが、義務づけに近い改正会社法は大きな転換点となった。

●●● 急速に増える

社外取締役導入の流れを決定的にしたのが、2014年8月に始まったコーポレートガバナンス・コードの策定に関する有識者会議である。

安倍政権下でできたスチュワードシップ・コードに続き、ガバナンス・コードは、政府の「日本再興戦略　改訂」に盛り込まれた施策だった。ときの政権の力もあり、各企業は社外取締役の採用に向けて模索し始めた。

2014年10月31日の第5回の会議では激しい議論があった。社外取締役の義務づけではなく、その人数である。1人か、それとも複数か。それも、経営者やその会社と一定の距離を置いた独立社外取締役の人数の議論だった。独立社外取締役は、親会社や取引の多い会社から来る人を除き、より独立性の高い制度だ。

会議では、企業から選出されたメンバーは複数案に反対した。「人数を何人以上確保すべきという形式的なことを書くのは意味がないと思います。逆に、ベストプラクティスとして形式的なことを書くと、日本の企業は真面目ですから、各企業はその圧力でまずは形を整える方向で対応し、結果、稼ぐ力には結びつかず、最悪の場合はマイナスとなるケースも出てくることになります」とか、「独立社外取締役の有用性は理解しますが、求められる資質と人数、比率については、各企業の特性や戦略によって変わるものであり、企業に選択の余地を残すべきだと考えます」などと訴えた。

しかし、取締役会の3分の1以上という案も出る中、「2名以上」で決まった。

ただ、コーポレートガバナンス・コードは法律でなく義務づけではない。説明さえすれば1人でもいいし、ゼロでもいい。コンプライ・オア・エクスプレインという、順守するのか、それとも順守しない理由を説明するのか、という方法が採り入れられた。ソフトローと呼ばれる手法で、その分、産業界の心理的な抵抗が薄れたのかもしれない。

2021年6月には、コーポレートガバナンス・コードは2度目の改訂がなされ、東京証券取引所のプライム市場に上場している企業に対し、取締役の人数の3分の1以上の独立社外取締役の選任を求めることになったのである。

この時点で社外取締役によるコーポレート・ガバナンスの強化は、日本の上場企業のトレンドになった。東京証券取引所は2年に1度、『コーポレート・ガバナンス白書』をまとめ、公表している。前身となったのが、「コーポレート・ガバナンスに関するアンケート調査結果」だ。

ホームページにアップされている1998年10月の第1回分を見ると、社外取締役について「既に選任している」が35・6%、「選任する予定はない」が37・9%、「分からない」が22・5%だった。すでに35%が社外取締役を入れていることに驚くが、当時はグループ内か取引先、金融機関からの採用が多かった。興味深いのは、22%がわからないと回答していることだ。検討したことがなかったのだろう。

2014年の段階では、社外取締役（独立）がいない会社は東京証券取引所全体（監査役会設置会社）の54・2％だった。1人が33・8％で、2人が8・5％。東証1部でも、3分の1以上の選任が6・4％だった。

そして、これが2020年には東証1部で3分の1以上が58・8％と、急速に社外取締役が普及するのである。2023年7月段階では、プライム市場の99・2％が複数の独立社外取締役を入れている。3人以上も95・0％だ。

しかし、新たな課題が浮上してくる。数と同時に、その資質が強く、強く問われ始めた。

社外取締役に厳しい目

2021年11月26日、システム障害を繰り返したメガバンクのみずほ銀行と、親会社のみずほフィナンシャルグループ（FG）は、金融庁から業務改善命令を受けた。このとき金融庁は、みずほFGに対し、「ガバナンス上の問題点が認められる」と、5項目の問題点を掲げた。

①業務執行を担う経営陣が、適切な資源配分を目指すという構造改革の真意を当社及び当行職員に浸透させられないまま構造改革を推進した結果、コストの最適化が強調され、IT現場の声を十分に拾いきれないまま、（基幹システムの）MINORIを安定稼働させるための人材の配置転換や維持メンテナンス費用の削減が実施されたという問題

②取締役会において、構造改革に伴うシステムリスクに係る人員削減計画と業務量の状況につい

て、十分に審議を行っていないという問題

③執行責任者が、過去のシステム障害等も踏まえた危機管理を含む高度な専門性が求められるＣＩＯの人選や候補者育成の指針となる人材像を明示的なものとして策定していなかったという問題。また、取締役会は、グループＣＥＯや主要経営陣の候補者の人材像について十分な議論を行っていないという問題

④リスク委員会が、トップリスク運営の導入に当たり「大規模なシステム障害」を選定し、選定したトップリスクに対するアクションの策定等が重要であることを提言したにもかかわらず、当社の執行部門において十分な対応がなされず、また、リスク委員会によるフォローもされていないという問題

⑤監査委員会が、重点監査テーマとして「ＩＴ関連ガバナンス態勢」を設定したにもかかわらず、当社内部監査グループから改善提言無しとの報告を受けた際に、経営資源配分の適切性について調査・報告を求めるなど、具体的な指示を行っていないという問題

これを読んで、みずほＦＧの幹部はどう思っただろうか。もちろん金融庁がすべて正しいとは限らないが、はっきりと「取締役会で十分な議論が行われていない」などと指摘されている。その結果、ＩＴの現場に必要な人員と予算が回されず、システム障害を繰り返したと断定された。社外取締役らでつくる監査委員会もリスク委員会も十分な機能を果たさなかった。

みずほ銀行は、２００２年４月、第一勧業銀行、富士銀行、日本興業銀行の３行が統合して誕生し

た。統合初日の4月1日、いきなり、システムトラブルを起こし、全国のATMなどが使えなくなった。それから20年近く経ってもシステムトラブルを繰り返していた。金融庁がその原因をコーポレート・ガバナンスに求めた。

③の中では、「グループCEOや主要経営陣の候補者の人材像について十分な議論を行っていない」との指摘があった。これはみずほFGの取締役にとって極めて重い意味を持つ。どのような経営トップが必要なのか、それすら満足に議論していなかったという。経営者を決めるのは取締役会にとって「1丁目1番地」といえるほど重要な課題ではないのか。

④においても、大規模なシステム障害を重視していたというリスク委員会について「執行部門において十分な対応がなされず、また、リスク委員会によるフォローもされていない」と指摘している。みずほFGは10年ほど前からリスク委員会を設けており、設置は早かった。日本企業の中では数年前から導入する企業が増えている印象で、リスク管理という責務を積み重ねていくことが大切なのだろう。

⑤では、監査委員会がやり玉に挙がった。重点監査テーマとして「IT関連ガバナンス態勢」を設定していながら、「内部監査グループから改善提言無しとの報告を受けた際に、経営資源配分の適切性について調査・報告を求めるなど、具体的な指示を行っていない」と問題視した。たとえ内部監査部門が「提言無し」といってきても、そのまま受けとめるのではなく、自ら検証し続けることが求められているというメッセージだ。監査委員会が内部監査グループの追認機関であってはいけないということだろう。

みずほFGは13人の取締役のうち、6人が社外と、3分の1を超えていた。2021年3月期の有価証券報告書で取締役会の役割について「経営の基本方針等の業務執行の決定、並びに取締役及び執行の監督を主な役割としております。その役割を果たすため、内部統制システム（リスク管理、コンプライアンス及び内部監査等）及びリスクガバナンスの体制の適切な構築ならびにその運用の監督を行っております」と明記していた。この一文が監督官庁によって否定された形だ。

社外取締役は元三菱ケミカルホールディングス会長の小林喜光氏、元東京高等検察庁検事長の甲斐中辰夫氏、元トーマツ包括代表社員の佐藤良二氏、と財界、法曹界、会計監査といった各分野の大物だった。取締役会議長も社外取締役で元メリルリンチ日本証券社長の小林いずみ氏が就いた。

みずほFGは、コーポレート・ガバナンスの専門家をこれ以上はないくらいの人選でそろえていた。みな、その分野の大物として名前を知られた人物だ。

みずほFGは、指名委員会等設置会社でモニタリングに特化した取締役会が特徴だ。その中でも、取締役会が十分な機能を果たしていなかったと認定されたのである。

急速に増えた社外取締役。着実にコーポレート・ガバナンスの主役へと存在感を高めてきた。その一方で、「社外取締役バブルだ」という声もある。社外取締役にとっても真剣勝負のときがきたようだ。

社外取締役で攻め込むファンド

「なぜこんなに社外取締役が必要なんですか。追加で増員する理由は何ですか。今の社外取締役に答えてほしい」と株主が質問した。

2022年12月4日に東京・秋葉原であったＩＴ企業、富士ソフトの臨時株主総会。この日は社外取締役の選任をめぐり、同社と、2割ほどの株式を持つシンガポール系の投資ファンド会社の３Ｄインベストメント・パートナーズ（以下、３Ｄ）とが正面からぶつかった。

会社側は5人、３Ｄは4人の社外取締役を提案。このうち2人がかぶっていたため、実質的に３人対2人という構図だった。

株主の質問について、社外取締役で元精密機器会社の経営者が登壇。「ガバナンス体制で企業価値を上げていくことを議論した。その中で上場企業の社長経験者など3つの点で外部の知見が必要で、強化すべきだという結論になった」などと語った。

結果的に、わずかな差で経営陣の候補者が選任された。取締役14人中、社外取締役は8人と過半数を占め、総会前（３人）の倍以上に増えた。

社外取締役への視線は厳しさを増すが、富士ソフトでは、互いの社外取締役の候補における、その資質や能力について具体的な議論が交わされた。

エレベーター大手のフジテックでも、創業家の行動や処遇をめぐって取締役会と投資ファンドとが対立。株主総会で社外取締役の選解任をめぐって争った。

2023年2月の株主総会で、9%超の株式を持つ香港の投資ファンド会社のオアシス・マネジメント（以下、オアシス）が、社外取締役5人の解任議案と、新たに6人の社外取締役の選任議案を提出。オアシスは「真に独立した社外取締役を選任することで、フジテックのガバナンスにおける深刻な欠陥を修復し、株主の最も基本的な権利を保護し、（創業家の）内山家の支配下でさらなる企業価値の毀損が起こらないよう阻止する」と訴えた。

これに対して、フジテックの取締役会は猛反発。「フジテックは日本におけるガバナンスの先進企業と言うことができる」などと招集通知に記し、さらにそれを強化するため2人の社外取締役の選任議案を出したほか、オアシス側の選解任議案にすべて反対した。

特にオアシス側の提案する社外取締役について、国内外の上場企業の取締役の経験がない人物であることを指摘しながら「現任の社外取締役に代わるほどのコーポレート・ガバナンスへの貢献は期待できない」などと主張し、他の株主らに同調しないよう求めた。焦点となった創業家出身で元社長の内山高一氏が会長に就いたことについても「内山氏が退くことへの取引先・従業員の不安は極めて大きい」と説明した。

株主の投票結果、ファンドのオアシス側の言い分が勝った。社外取締役は5人中3人が解任され、新たに6人中4人の選任が決まった。フジテック取締役会が提案した2人は否決された。社外取締役の人事案全体で見ると、13人中9人、7割でオアシス側の提案が通った形だ。いずれの議案も45〜58％と拮抗したが、社外取締役の選任がコーポレート・ガバナンスの評価に直結する時代になったことを印象づけた出来事だった。

新たな選任方法も

コーポレート・ガバナンス向上の鍵と位置づけられる社外取締役。だれが、どう決めるのかという模索が始まっている。

２０１９年、大株主のヤフー（現・Ｚホールディングス）によって、社長や社外取締役が事実上「解任」されたアスクル。改めて独立社外取締役を選考する際、徹底的な透明性を確保した。二度と社外取締役が「解任」されることがないよう、厳格な手続きを踏むことで社外取締役の選任に正統性を持たせたのである。

ヤフーによる独立社外取締役の「解任」は、日本のコーポレート・ガバナンス上の議論を巻き起こしたが、その反省から生まれた試みは「この手法は『アスクルモデル』と呼んでいい」（同社関係者）という声も出たほどだ。

アスクルは２０２０年２月５日に新たな取締役会の体制を発表。２日後の２０２０年２月７日午後、アスクルの指名・報酬委員会（暫定）の委員長を務めた弁護士の国広正氏と、委員の東京大学名誉教授の落合誠一氏が東京都内で記者会見した。独立社外取締役の候補4人を選んだ経過を説明し、記者との質疑に応じた。

国広氏によると、第一段階として30人の候補者のリストを作成したことから選考作業を始めたという。この中から実際に接触するなどして4人に絞りこんでいった。

この4人には、Zホールディングス（元ヤフー）の経営者や、前年の夏に同社から「解任」された元独立社外取締役で元日本野球機構コミッショナーの斉藤惇氏らと面談して意見を交わし、コーポレート・ガバナンス上の問題点を自ら理解・納得したうえで、候補になってもらったという。

今回、目を引いたのは、正式に選ばれる3月13日の臨時株主総会に向けた4人の「抱負文」だ。企業法務に詳しい弁護士の市毛由美子氏、電子商取引の経験が豊かな後藤玄利氏、麗澤大学教授で内閣府消費者委員会委員長の経験もある高巌氏、元ＩＨＩ副社長の塚原一男氏の4人は、１５００字前後の「抱負文」を書き、アスクルを通じて公表した。

このうちの1人、塚原氏は「やるべきことは2つ」と明示した。1つは、赤字が続く個人向けネット通販のロハコ事業を中心とした経営戦略の策定。もう1つは、コーポレート・ガバナンスの再構築で、主要株主と経営陣が信頼関係を築くことが大切だと説いた。

アスクルは3月13日に臨時株主総会を開き、この4人を承認した。

通常の株主総会では、略歴など簡単な資料が株主に提供されるだけである。終了後に壇上で紹介されるケースはあるが、事前に社外取締役が意見を述べて株主に判断してもらおうとする試みを初めて見ることとなった。

国広氏は会見で「改めて考えてみると、これなしにどうやって賛成票を入れるというのだ。コロンブスの卵のような話」と解説し、「昨夏で、アスクルのガバナンスは機能しないのではなく、『なくなった』。私たちは、アスクルの経営陣でもない。だからといって大株主で親会社のヤフー側でもない。あくまでアスクルの企業価値、株主全体の共通利益を考えて4人を選んだ。『災い転じて福となす』という思いだ」と語った。

落合氏も会見において、日本の多くの企業では、退任する社長が次の社長や社外も含めて他の役員を決めてきたことを挙げ、「新しい役員候補がどんな考えを持って活動するのか、実はこれまで日本企業は（株主に対して）何の説明もしてこなかった。今回は新しい試みだ」と述べた。

…不足する社外取締役？

注目され、増え続ける社外取締役だが、それでも課題は浮かび上がってきている。

その1つが、社外取締役候補が不足しているということだ。不足しているのは単に人数のことではない。社外取締役にふさわしい知見と意欲を持った人のことだ。

社外取締役になるのに、何か特に資格が必要となるわけではない。経営者のゴルフ友達でも形式上は何の問題はない。それだけに、急増した社外取締役は本当にその責務を果たしているのか、果たそうとしているのか、との危機感が広がっている。

東京証券取引所の『コーポレート・ガバナンス白書』（2022年7月時点）によると、上場企業の独立社外取締役の平均人数が2・9人（3770社）とあるので、延べ人数は約1万人強だ。急拡大した制度であり、不足気味なのはやむを得ないことなのだろう。

2020年7月に経済産業省がまとめたアンケート結果によると、上場企業の社外取締役の場合、46％が経営経験者だった。ほかには、11・8％が弁護士、11・1％が会計士、10・2％が金融機関の出身、7・6％が学者だった。

半分が元経営者となっているが、この層からもっと社外取締役が出てきてもいいはずである。もしかしたら、どこの企業も、社外取締役を求める際、社長・会長経験者に対象を絞っている可能性があるのではないか。

どんな企業でも社長に上り詰めるのはたった1人だ。社長になるのはある意味、運だ。副社長や専務、常務などを経験し、グループ会社のトップを務めた人にも有能な人がたくさんいる。

その有能な人たちは、子会社の役員などグループ内にとどまることが多い。グループ内のそれなりの役職にいた方が楽だからだ。仕事は大きく変わるわけではないし、業界のことも熟知している、知っている人も多いためだ。

そんなグループ内にとどまる人をどうやって外に出し、働いてもらうのかが課題だ。現実的な手法が報酬を引き上げることだ。グループ会社にとどまっているよりも、社外取締役として自分を生かす道を促す仕組みがあってもいいのではないだろうか。

では、社外取締役は一体いくらもらっているのだろうか。役員の個別開示が限定的なため、実は、正確な統計が意外にないが、東京商工リサーチと朝日新聞社が２０１８年４月時点で東証１部の上場企業の平均報酬額は６６３万円という数値をはじき出している。国税庁によると、５２４５万人の給与所得者の平均が４３３万円で、６６３万円は決して安い金額ではない。

監査役らに責任感を持って第二の職場として意気軒昂に働いてもらうには何が必要なのか。喫緊の課題だ。

掛け持ちに批判強く

普通の会社員から見れば、社外取締役はそこそこの報酬を得ている。そのせいか、経済誌などの経済メディアでは、４社も5社も掛け持ちしている人に対して懐疑的だ。

東京証券取引所の『コーポレート・ガバナンス白書２０２３』では、独立社外取締役（独立社外監査役を含む）の兼任状況を公表している。２０２２年12月時点で、83・２％にあたる1万１８７３人が1社のみだったが、２社の兼任が12・５％にあたる１７９８人である。３社が４９５人の３・５％、４社が98人で０・７％、５社が19人の０・１％、６社が３人となっている。

『コーポレート・ガバナンス白書』が「社外役員1人あたりの兼任数が多いほど、その役割・責務を適切に果たすための時間・労力が分散することになり、定量的には取締役会への出席率の低下として表れると考えられる」と指摘したこともあった。

上場会社の中には、社外役員の兼任数を限定し、自社での活動に可能な限り集中してもらい、その経験や知識を経営に生かそうとしている会社もあるという。また、同白書によると、議決権行使助言会社の中には「上場会社の執行役員を務める役員が3社以上兼任」などの基準を設けているところもある。これに逸脱した場合は反対投票を推奨するということだ。

『コーポレート・ガバナンス白書』は「過剰な兼任に対して資本市場の目線は厳しい。実際に、コード策定以降、社外役員に期待される役割は従来以上に増加している。従来は月1回の取締役会（もしくは監査役会）に出席すれば問題なかった社外取締役・社外監査役の仕事も、（中略）1社あたりに投下する時間も増加しており、実務的な負担も増加している」と、社外役員の業務が増大していることを挙げる。

そして、投資家と直接対話するケースも散見されているとし、「そうした中で、現実的に兼任できる数は限られてくるとの指摘もある。今後も社外役員に期待される役割が高まる中で、兼任数は引き続き注目されるテーマとなるであろう」と指摘している。

この種の白書にしては踏み込んだ言及となっている。

このところ、経済誌でも社外取締役の特集を組むところが多く、4社も5社も兼務する人たちに否定的だ。社外取締役は真剣勝負のはずである。務められるのは、せいぜい2社、もしくは3社ではないだろうか…。

第4部

現場から考える

第9章

関西電力で監査役は何をしなかったのか

「経営者のみならず監査役自身も、監査役の職責は法的な監査であるという狭い解釈に陥っていることがございます。これが某電力会社の不祥事の原因になったかと思うんですけれども、よりよいコーポレート・ガバナンス体制のためには、任意の委員会のメンバーに監査役がなるということは、ガバナンス上も望ましいものであると思います」

（2020年10月20日のスチュワードシップ・コード及びコーポレートガバナンス・コードのフォローアップ会議で）

「よろしくお願いいたします。まあ、思い切ってやって参りましたので、お手柔らかにお願いいたします」と壇上から関西電力（以下、関電）の監査役（当時）が呼びかけると、会場がどっとわいた。直後、一斉に拍手が起きた。

関電の金品受領問題が発覚して1週間ほどたった2019年10月3日、大阪市の大型ホテルで日本監査役協会が主催する第89回監査役全国会議が開かれていた。

この日は、「企業不祥事防止に向けた監査役等の役割―高まる期待に応えるために」というテーマのパネルディスカッションだった。地元ということもあり、4人のパネリストのうちの1人が関電の監査役だった。

続けてこの監査役は「本件は、第三者委員会で全容が明らかになります。現段階であれこれと述べることは差し控えたい。執行サイドの対応について、社外監査役と社外取締役と連携し、しっかりと監視・検証していく」と述べた。そして、何事もなかったかのように関電のコーポレート・ガバナンス（企業統治）やコンプライアンス（法令や規範の順守）体制について説明し、会場の人たちもそれを受け入れた。会場にいた人たちは、関電監査役の堂々とした姿に、「きっと金品受領問題に関与はしていないのだろう」とそのときは思っていた。

それからおよそ1年後、この監査役の立場は大きく変わっていく。

・・・責任をとらされる監査役

会社が監査役を裁判に訴えるという発表がなされた。

2020年10月29日、関電は「当社の旧取締役に対する提訴請求等への対応について」というプレスリリースを出した。金品受領問題に絡み、善管注意義務違反があったとして元監査役に1億7千万円の損害賠償を請求するという。

主な理由は、元監査役が秘書室担当の取締役常務執行役員だったときのことである。東京電力の福島第一原発事故を受け、全国の原発が停止。原発比率の高い関電はこの影響で業績が悪化していく。電気料金の値上げ申請と同時に、役員報酬の減額や社員の賞与カットにも踏み切り、消費者の理解を得ようとした。

しかし、関電のコンプライアンス委員会が2020年8月に公表した調査報告書によると、減額した役員報酬の一部について、それぞれの役員が退任後に嘱託となり、「後払い」されていた可能性があった。この元監査役は当時の会長らの指示を受け、担当役員としてこの報酬の立案にかかわっており、一定の責任があるとされた。

関電の提訴理由はこれだけではなかった。プレスリリースにはこうある。

「あわせて、本件旧取締役が監査役であった時の責任についても、上記調査報告書や独立性を確保した利害関係のない立場にある社外の弁護士による調査結果等を踏まえて検討し、本件問題に関する善管注意義務違反があるとして、責任追及の訴えを提起することを取締役会で決定しています」

監査役としての行動も問われることになった。違反の可能性があるとされたのは、会社法の382条で、監査役の責務を定めた条文だ。

「(取締役への報告義務)第三百八十二条　監査役は、取締役が不正の行為をし、若しくは当該行為をするおそれがあると認めるとき、又は法令若しくは定款に違反する事実若しくは著しく不当な事実があると認めるときは、遅滞なく、その旨を取締役(取締役会設置会社にあっては、取締役会)に報告しなければならない」

取締役会に報告すべきことを、当時の監査役はこれをしなかったという。訴訟になってこの元監査役は正面から反論しているようだが、一体、何があったのだろうか。まずは関電を揺るがした金品受領問題のあらましを振り返りたい。

共同通信が特報

福井県高浜町の高浜原発をめぐり、関電と元町助役の関係が世に出たのは、2019年9月26日夜だった。

共同通信が全国の地方紙に向け、「関電役員らが2017年まで7年間、高浜原発がある福井県高浜町の元助役から金品を受領していたことが税務調査で判明した」との記事を特報として配信した。全国紙はただちに後追いし、翌日の各紙の朝刊の1面はこの記事で占められた。いわゆる関電の金品受領問題の始まりだった。

1週間後の10月2日、八木誠会長と岩根茂樹社長はそろって大阪市内で記者会見を行った。前年の秋に社内でまとめていた調査報告書も公表され、2006〜2017年に原子力部門を中心とした幹部ら20人以上が商品券や金貨、現金などを元助役から受け取っていたことが判明した。

このとき、両氏は辞任を否定したが、調査を続け、詳細な事実関係とその評価については第三者委員会にゆだねる考えを明らかにした。

第三者委員会は2020年3月、役員や社員ら計75人が高浜町の元助役（故人）から総額3億6千万円相当の金品を受け取っていたと認定。関電はこの元助役が関係する企業に工事を発注するなどしていた。原発工事のお金が関電の幹部に還流していたと非難された。

会長メッセージで透明性求める

マスコミによる報道は連日続いた。日本監査役協会も動いた。2019年10月25日、以下のような会長声明を公表し、協会のホームページにアップした。

「今回の事案については、報道が先行しており、第三者を構成員とする調査委員会による調査は、その緒についたところであるため、その調査結果が出るまでは、具体的なコメントは差し控えます」としながらも、一般論として、「企業統治の一翼を担う監査役としては、取締役会への報告を含め、その職責の遂行に当たっては、責務を違法性のみに狭く捉えるのではなく、企業統治の向上に資すると判断すれば積極的に行動することが求められていると言えます。加えて、このような不祥事が発覚した場合、通常組成される調査委員会の構成につき独立性が担保されているかの検証を行うとともに、事実解明やガバナンスが機能していたかの検証並びに再発防止のための体制づくり等についても監査役は大きな責務を負っており、執行に対しても毅然とした姿勢で対応する覚悟が求められます」と監査役に職務を全うする覚悟を求めた。

さらに、「不祥事の内容次第では、監査役の責任も調査対象の一部となることも考えられ、そのような場合には、監査役として自らの責任について透明性の高い説明が求められます」と述べ、もしものときにも備えたような言葉を挿入していた。

そして翌年の2020年3月14日午後、第三者委員会の調査報告書が公表され、監査役たちもこの金品受領のことを知っていた可能性が明らかになった。

・・・元検事総長の一言で違法性はないと判断？

国税局から金品の受領を指摘されたことを知った監査役たちはどう動いたのか。調査報告書を読み解くと、委員たちの判断の分かれ目は、取締役会への報告だった。

監査役は、会社法382条で明記されているように経営陣が不正を働いている可能性があるとき、それを速やかに取締役会に報告しなければいけない。監査役の正式な報告が取締役会になされれば、違法行為を働いた取締役らはもう逃れることはできない。その分、監査役にとっても勇気のいることだろうが、逆にこれをしなければ、任務懈怠として損害賠償を求められる。監査役の地位を支え、監査役の資質を試される重要な責務だ。

第三者委員会の調査報告書によると、監査役たちは、取締役らが金品を受領していた行為について「違法性はない」との認識で一致し、取締役会に報告はしなかったという。

なぜ、違法性はないと判断したのか。第三者委員会の報告書にこんな記述がある。

「(監査役会は)土肥氏にも取締役会へ報告しなくともよい旨を確認した」。

土肥孝治氏(2023年8月に死去)は元検事総長である。法治国家・日本を支える組織である検察庁の元トップが、2003年から連続して15年以上も関電の社外監査役を務めていた。

報告書によると、土肥氏は監査役から「コンプライアンス上問題であるけれども違法ではない以上、取締役会に報告しなくてもよいか」と提案の形で聞かれたという。土肥氏は「それはまず会長、社長が検討し判断すべきことだという趣旨で賛同した」という。

監査役たちは「(社長、会長ら)執行部の判断にゆだねたい」として、このとおりの行動をとった。さらに、取締役会に報告したかどうかを確認することもなかったという。

報告書には「監査役が報告すべき対象を違法行為のみに狭く捉え、違法でなければ報告しなくともよいかのように整理したことは不適切であった」とか、「監査役は、その後取締役会に出席しており、本件問題の取締役会に報告されたか否かは把握し得る立場にあったにもかかわらず、その後、監査役（会）として、執行部から取締役会への本件問題の報告の有無を注視し、報告がされていないことを問題として指摘するなどの対応を取った事実は認められない」と記されている。

監査役会の判断は、会社の判断にも影響を与えた。会社の担当者がこう証言したことが報告書に載っている。

「（ヒアリングした）常任監査役らから、本件問題について、取締役会に報告する法的義務及び社外取締役に報告する法的義務があるとまではいえないという示唆を受けた」

常任監査役らはこのあたりのやりとりを否定しているが、この会社の担当者は岩根氏と八木氏にも監査役のヒアリングについて報告していたという。

両氏は記者会見で「違法性はないという判断で取締役会には報告しなかった」と弁解していたが、経営陣と監査役会の堂々めぐりがあった可能性がある。その点、元検事総長の発言内容と何をしたのか、しなかったのかという点はもっと重視されるべきではないか。

2020年3月16日、関電の監査役会は広報部を通じてコメントを発表している。

「当社監査役としては第三者委員会に監査役が会社法によって違法な事実のみならず著しく不当な事実も取締役会へ報告しなかったことは客観的状況に鑑みれば正当ではなかったと指摘されたことを

重く受け止めている。今回の第三者委員会によるご指摘を真摯に受け止め、監査役としての責務を誠心誠意果たし、執行部とともに当社の信頼回復に全力を尽くして参りたいと考えている」

監査役会としてコメントを出すことは極めて珍しい。それだけこの問題が深刻だったということだろう。

「気負いは必要ない」

その後、関電の金品受領問題は、株主代表訴訟や刑事告訴にまで発展していった。訴えられた元取締役や元監査役は答弁書などで「金品受領に関与していない。適切に監査役としての職務を遂行した。責任を追及される理由はない」などと全面的に争う姿勢を示している。大阪地検も不起訴処分にしている。今後、裁判はどのような展開をたどるか。監査役のあり方をめぐり、いま、注目すべきことがらだ。

金品を受け取った経営陣の多くはそのまま保管していたということだった。多くの人たちは、本当にもらっていいのだろうか、返した方がよいのではないだろうか、といった葛藤があったと思う。もらってうれしいと思った人は少ないと思う。

企業社会の中でごちそうになったり、ごちそうしたりすることは確かにある。多くの人々がこうした問題とは無縁ではないと思われる。新聞記者の世界の話では、「ただ飯は食うな」としばしば注意される。「ごちそうになったとしても、どこかで必ず返せ。自分でできる範囲でいい。豪華な晩飯をごちそうになったら、自分のポケットマネーで出せる店、赤ちょうちんに誘え。翌日に菓子折りを持って行くのも手だ」とよくいわれる。

関電の最大の失敗は、これだけの多くの役員や幹部社員に金品がばらまかれ、節度を大きく外れた行為にもかかわらず、組織として対応できなかったことである。最後の砦である監査役も残念ながら機能しなかった。

法的に問題があるかどうかわからない段階でも、大切で重要だと判断したことであれば、監査役は迷わず、取締役会に報告すべきだ。それが、内部統制におけるコミュニケーションともいえるはずだ。関電の反省から学ぶことは、気負うことなく、取締役会に報告することだ。

第10章

ゴーン元会長 vs 監査役

「某自動車メーカーの件では、『ガバナンス改善特別委員会報告書』で、逮捕された経営者が質問や意見が出ることを嫌い、何も言わない監査役を探すように部下に指示していたとされています。しかし実際には、同社の監査役が内部通報を受けて調査を行ったことが不正行為の把握の端緒となったことであり、監査役が当時の経営者の意図とは異なり、本来期待されている職務を果たしていたといえます」

（2019年4月9日、横浜市のパシフィコ横浜であった日本監査役協会の全国会議で）

2021年春、東京地裁の大法廷。そこには、日産自動車（以下、日産）の元監査役、今津英敏氏が立っていた。

このとき71歳。日産の技術担当の副社長を務めたあと、監査役になった。日本のモノづくりを支えてきた男性は実直そうに見えた。証言席では裁判長を見ながら、過不足なく答えようとしていた。

今津氏は日産のカルロス・ゴーン元会長の疑惑に切り込んでいった人物で、法廷でも「これは監査役である自分がやるんだという認識を持っていた」と堂々と語った。

戦後最大級ともいわれる経済事件を掘り起こしたのは、1人の監査役の使命感だった。

取材合戦

その低層のマンションは急斜面に建っていた。

2018年11月下旬から暮れにかけ、夜になると、都心に近い住宅地の一角にテレビクルーや新聞記者などが集まった。午後7時ごろから、十数人が坂道にへばりつくように立って1人の男性の帰りを待っていた。集まった報道陣は道路の脇に寄り、通行する車や人々の邪魔にならないようにとみな気にかけているようだが、それでも異様な光景だったであろう。通報を受けた警察官がときどき見回りに来ていた。

その低層のマンションには、当時日産の社長だった西川広人氏の自宅があった。報道各社は、車から降りたあと、一言でも二言でも、コメントをとろうとしていた。日産が発表するのは、基本的に取締役会で決まったことで限定的である。まだ事件はなぞに包まれていた。ゴーン元会長は何をやったのか。それとも冤罪なのか。また、いつから西川氏ら経営陣が知っていたのか。ルノーとの関係はどうなるのか…。事件の輪郭を浮かび上がらせ、日産の将来像を他社よりも早く報じようと、報道各社は会社の首脳陣の自宅にまで押し寄せたのだった。

2018年11月のある日の午後10時ごろ、西川氏を乗せた車が近づいてきた。一斉にテレビカメラのライトが光った。ドアを開けて車から出た西川氏が立ち止まった。テレビ局の記者がすかさず「ルノーとの会議はどうでしたか」と聞くと、「いい会議でした。前を向こうということを確認しました」というやいなや玄関に体を向ける。別の記者が慌てて「ルノーの反応は」と大きな声を上げる。顔だけ記者を向き、「(CEOの)ボロレさんと私と(三菱自動車社長の)益子さんと完全に方向性は一致している。そういう意味では非常にいい会議だった。いろんな会議体も我々3人で、共同でリードしていくことになった」と語った瞬間、足早に歩き始めてマンションに消えたのだった。

この日は、提携関係のある3社で会議があった。内容については言及を避けたが、西川氏はゴーン元会長のいない体制ができ上がっていることを短時間でアピールした。

年が明けても各社の報道合戦は続いた。役員報酬の問題から、ブラジルやパリなどの自宅の購入や、ベルサイユ宮殿での結婚式の費用など話題はことかかなかった。

ゴーン元会長が金融商品取引法違反の疑いで逮捕・起訴された事件は、戦後を代表する経済事件の

1つであることは間違いない。イトマン事件や山一證券の経営破綻、ライブドアなどいろいろあったが、国際的な反響という意味で考えれば、最大の経済事件といえるかもしれない。

発覚後まもなく、一部のマスコミは、執行役員を務めた川口均氏とハリ・ナダ氏、さらに監査役の今津氏の名前を挙げながら、この3人が独自にゴーン元会長の不正を調べていた、と報じた。ただ、日産、検察ともに口は堅く、3人の行動はなかなか判明しなかった。

詳細が明らかになったのは、ゴーン元会長の側近とされた元代表取締役のグレッグ・ケリー被告をめぐる刑事事件の裁判の証人尋問の場だった。

東京地裁での審理が2020年9月に始まり、執行猶予付きの有罪判決が言い渡されたのが2022年春。この1年半にわたる審理で明らかになったのは、今津氏が決定的な役割を果たしていたことだった。

日産では約20年間、ゴーン元会長が神格化され、役員らも異を唱えることができない企業風土があり、コーポレート・ガバナンス（経営を律する仕組み）の脆弱性があったと事件後に指摘された。しかし、実際には、ガバナンスの要ともいわれる監査役制度が機能していた可能性がある。裁判での審理をもとに、監査役に求められる法的な権限と実務との関係を考えてみたい。

⁚「ゴーン、ゴーン」と呼び捨て

事件が世に出たのは2018年11月19日午後。朝日新聞デジタルだった。羽田空港に降り立ったゴーン元会長が逮捕された事実を伝えた。

それまで疑惑に関する報道は一切なかった。それでも、日産の動きは素早かった。この日の午後10時、横浜市の日産本社の会議室に社長の西川氏が1人で現れ、記者会見を行った。

驚いたのは、西川氏が記者会見の冒頭から「ゴーン」「ゴーン」と現職の会長を呼び捨てにしたことだ。逮捕されたばかりで、あくまで容疑の段階だ。このタイミングで呼び捨てにするということは、相当の証拠があり、一気にゴーン元会長と決別しようとしていたのかもしれない。

同時に「監査役」という言葉も耳に入った。西川氏は経緯を説明する中で「本件は内部からの通報に端を発して、監査役からの問題提起を経て、社内調査を行い……」などと語っていた。

監査役が主導したとすれば、珍しいケースだ。「内部からの通報に端を発して」といっているので、相当、強い証拠が監査役に突きつけられ、監査役も動かざるを得なかったのだろう、ということが想像できた。

●●● 監査役が内部調査

監査役の役割の一端が判明したのが、逮捕から4カ月後の2019年3月、日産が自ら設置したガバナンス改善特別委員会の調査報告書だ。その中に監査役が果たした役割についてこう記されていた。

「2018年夏ごろ、日産の監査役は、同社取締役会長（当時）であったカルロス・ゴーン元会長の不正行為の疑いに関する内部通報を受けた。当該監査役は、内部通報が信用できるか否かについて社内外のリソースを活用して内部調査を実施した。当該監査役は、2018年10月ころ、それまでに得られた内部調査の結果を現CEOと共有し、コンプライアンス部門が当該監査役から内部調査を引き継いだ」

監査役が一定の役割を果たしていたことはわかった。しかし、この監査役がだれなのか。具体的な行動など詳細は依然としてはっきりしないままだった。

事件発覚から2年後、ゴーン元会長の共犯とされた被告で元代表取締役のケリー氏の裁判の証人尋問が始まった。ケリー氏は全面的に無罪を主張したため、関係者の証人尋問が念入りに行われた。

2021年3月23日、今津氏が証言台に立った。

今津氏は九州工業大学（北九州市）を出て入社。副社長としての担当は生産、物流、サプライチェーンマネジメントと幅広く、日産のモノづくりを支えた。その評価は社外にも及び、工業都市である北九州市の顧問にもなった。2014年6月から2019年6月の5年間、監査役を務めた。

ケリー氏の弁護人が「あなたはいつから、どのような調査をしていたのですか」と尋ねると、今津氏は「2014年に監査役になったとき、前の監査役から『ジーアという会社が気になる』と聞いており、これを気にしていました」と証言した。

ジーアとは、2010年オランダに投資目的で設立したジーア・キャピタル社のことだ。前の監査役がどこまで調査したかには触れなかったが、事件発覚のきっかけがわかるやりとりだった。

今津氏はジーアに不審な点がないかどうかを調べようと、2017年7月になってアムステルダムに出向いた。ジーアの親会社を訪れ、会計報告に遅れが出ていることを知ったという。

ジーア社はゴーン元会長の不正とされる取引に利用されていたことが判明している。日産が2020年1月16日付で東京証券取引所に出した「改善報告書」によると、ゴーン元会長は、ジーア社を使ってリオデジャネイロやベイルートに住宅を購入し、同社から改装費用を支払ったという。これらは「私的利用」とされ、不正行為と断定された。

●●●3人で調査も、検察には監査役が行く

3人は、2018年に入り、ゴーン元会長の疑惑について情報共有を始めた。

その動きについて今津氏は「組織化したわけではないが、3人で疑問点を共有化した」と法廷で語

っている。情報共有を始めた時期については「いつかわからないが、少しずつしていた」ということだった。

一方で今津氏は、他の監査役には相談をしなかったという。

川口氏は法廷で「(今津さんと私は日産で)長年働き、お互いによく知っている。役員食堂とかで『こんなことやっている』と2018年初めか、2017年の終わりに話し合った」と述べている。

3人の関係については「長いつきあいで、信頼関係にあった」と説明した。

川口氏が動き始めたのは、今津氏からジーア社の調査について話を聞いたことがきっかけだったという。ただ、川口氏もかねてゴーン元会長の経費の使い方に疑問を持っていたとも証言している。その一例として出したのが、2016年にベルサイユ宮殿であったゴーン元会長の結婚パーティーだ。日産とルノーの関係者はほとんど出席していないのに、両社の提携に関する名目が掲げられて合弁会社から費用が出ていることに疑問を感じていたという。モナコであったイベントも同じような形で催され、「公私混同ではないかと感じていた」と語っている。

当時、川口氏は、会社のありようを考えるチーフサステナブル・オフィサーという役職に就いていた。「(ゴーン元会長が)会社を私物化しているのであれば、ガバナンスをたださないといけないと考えた」と述べている。

ナダ氏も証人尋問に呼ばれた。一連の不正疑惑に関与していたとされるナダ氏は今回、司法取引で不起訴処分となっている。

法廷での証言によると、「今津さんがゴーン元会長の不正を調べている」と川口氏から教えられたことをきっかけに3人で情報交換を始めたという。ナダ氏は英国の弁護士資格を持っており、川口氏と今津氏からは、主に法的な面でのサポートを求められたという。

一方で、ナダ氏は2018年5月ごろ、自分自身が関与した報酬問題などについて順次、打ち明けるようになったという。今津氏と川口氏が覚悟を決めていると受け止め、全面的に協力することになった。

今津氏は、ジーア社の決算の実態などについて問題意識を持っていたが、それ以上は追及できなかったという。しかし、ナダ氏と川口氏に触発され、あきらめずに調査を続けた。法廷で今津氏は「ハリ・ナダさんが内部通報者として、監査役の内部調査に協力すると宣言してくれた」と証言している。裁判長からも「ハリ・ナダさんは内部通報者として扱われたのですか」との問いかけがあり、今津氏は、「そのつもりです。内部通報者でもあり、保護しました」とはっきりいった。

調査が進み、違法性を判断するため、3人は、法律事務所に相談することになる。グローバルにサービスを展開する米系の法律事務所レイサムアンドワトキンスに依頼し、報酬の問題をあぶり出した。そして、検事出身の弁護士、大木丈史氏にもつながった。

この大木氏が事態を動かすことになる。大木氏は今津氏に「東京地検の検事に話をしてみてはどうか」と助言したという。

ゴーン元会長の一連の行為が違法なのかどうか悩んでいた今津氏は「東京地検に持ち込み、立件されなければ違法性はないということだ」と考えた。立件された場合、業績や株価が下がるリスクがあるとは思ったが、違法性の有無について「自分たちだけで判断するのは難しい」と決意を固めた。

今津氏が東京地検に出向いたのは、2018年6月13日。1人で行ったという。担当検事から「不正の確度は高くない」といわれたが、同時に秘密保持を強く求められたという。

注目されたのは、社長だった西川氏への報告の時期だ。

西川氏に報告したのは、東京地検に持ち込んでから4カ月後の10月11日だったと証言した。東京地検が逮捕する1カ月前だ。それも1対1の対面で説明したという。その報告のタイミングは、特捜部と相談したうえで決めたとも話した。

報告を受けた西川氏は、この問題を会社として引き取ることを提案し、今津氏も了承した。

監査役の権限を使ったのか？

監査役は会社法で定められたポジションであり、取締役と同じ役員でもある。今津氏は他の監査役とではなく、特定の執行役員らと情報を共有し、経営者の不正疑惑を調べた。監査役は独任制で、1人で動くことも認められているので問題はないが、今回はどんな権限を実際に使ったのか。

会社法上、監査役の最も強い権限の1つとされるのが「取締役の違法行為の差し止め請求権」だ。企業法務の世界では「伝家の宝刀」と呼ばれ、実務上は、裁判所に仮処分を申し立てることによって実現される。

その分、上場会社で実際に使われたことは、数えるほどだ。2008年に東京都三鷹市にあった電機メーカーの監査役が前社長の違法と見られる取引を止めるために裁判所に仮処分を申請した。このほか、ある上場会社の監査役が、自分を解任しようとした経営者に異議を唱え、違法行為の差し止め請求権を使って裁判所に訴えたケースがある。

今津氏は技術畑で法律の専門家でもない。今回、違法行為の差し止め請求権は行使していない。その代わりに弁護士の勧めもあって、違法性の判断を国の捜査機関にゆだねる道を選んだのだった。

また、会社法で監査役は、取締役の不正行為などが判明した場合、取締役会に報告することが義務づけられている。

しかし今津氏は、法廷で「(違法性について)確定した情報がなかったので、取締役会には報告しなかった」と述べている。

では、取締役会でゴーン元会長の行動を議論し、是正することはできなかったのだろうか。

これについて、日産の弁護人の見解が興味深い。

一連の裁判では、法人としての日産も金融商品取引法違反で罪に問われている。日産は東京地裁に提出した弁論要旨でこのようなことを主張している。

「社内で調査をし、その結果について社内で議論することを先行すべきで、捜査機関への情報提供はしなくてよかったなどという意見もあるようである」と指摘しながら、「犯罪の端緒が発覚した場合においては、もはや社内のみで調査・解決するのは適切でないばかりか、不可能である。なぜなら、内部調査を行う担当者には、犯罪捜査を行う担当者のような強制調査を行う権限が与えられているわけではないからである」と記し、ゴーン元会長側からの有形無形の妨害が行われ、主要な証拠の隠滅等が速やかに進行すると訴えている。

検察の力を借りなければ不正を表に出すことは難しかったという見解で、今津氏の行動を正しかったとしている。

●●● 監査報告に記載はなし

監査役は、株主総会に監査報告書を出さないといけない。監査報告書にはもちろん、自らの意見をつける。会社法施行規則129条には「監査役の監査報告の内容」として、以下のような説明がある。

「当該株式会社の取締役（当該事業年度中に当該株式会社が指名委員会等設置会社であった場合にあっては、執行役を含む。）の職務の遂行に関し、不正の行為又は法令若しくは定款に違反する重大な事実があったときは、その事実」

不正や定款違反があった場合はそれを株主に報告するという制度だ。監査役最大の使命だ。

日産では、事件の発覚前の2018年6月26日に行われた株主総会まで、今津氏ら監査役が連名で

「事業報告及びその附属明細書は、法令及び定款に従い、会社の状況を正しく示しているものと認めます」「取締役の職務の執行に関する不正の行為又は法令若しくは定款に違反する重大な事実は認められません」という監査報告書を出し続けた。

今回、今津氏は他の監査役に相談せず、監査役会に諮ることもなく、単独で行動した。監査役には調査権も会社法で明示されている。今津氏はこの調査権を十分に行使したといえるだろう。一方で、ゴーン元会長の行動を規制したり、取締役会や株主総会で投資家らに知らせたりするなど会社法で与えられた監査役の権限を存分に行使したとはいいがたい。

ただ、監査役としての強烈な使命感を持っていた。ゴーン元会長に対する調査について、川口氏やナダ氏と協力したが、「組織化したわけでも、役割分担したわけでもない。監査役として自分がやるんだとの認識だった」と監査役の責務を自覚していたことを法廷で述べている。監査役の役割として、株主の負託を受け、不正があった場合は取締役会に報告する義務があることも当然、知っていた。取締役会に報告しなかったことについては「(違法性を)自分たちで判断するには難しいところがある」と述べている。

法廷でケリー氏側の弁護人が今津氏に聞いた。「東京地検に持っていくべきではなかったという考えは」と。

今津氏は「その考えはありません」とはっきりいった。

「内部で対処すべきでは」と聞かれると、「そうは思いませんでした」とだけ答えた。

揺れる監査役の制度と実務

ガバナンス改善特別委員会の報告書では、監査役全体の評価は低かった。

報告書では、「ゴーン元会長は、取締役会において、質問や意見が出ることを嫌い、意見等を述べた取締役や監査役を会議後自室に呼び、いわゆる『うるさい監査役』については再任しなかった。何も言わない監査役を探してこいと言われた者もいる。取締役会は活発な議論を行う雰囲気ではなかった」と指摘している。

また、「ゴーン元会長は取締役会について、会議をできる限り短い時間で終了することを求め、会議の場で議案に対する質問や意見をさせない雰囲気を作った」と記した。その結果、日産の取締役会の開催時間は1回平均30分で、他の上場会社に比べて極めて短いことが明らかになった。

さらに「ゴーン元会長は、自己の利益を図る取引に関して、取締役会において利益相反取引の承認を得る必要がある場合も、必要な事実を開示しなかった。取締役会に参加した取締役は提出された議案に関して不自然さを探知することができず、このような取締役会の状況について、監査役もかかる状況を是正できなかった」と記した。

かつて監査役は「閑散役」と揶揄され、機能しているかどうか疑われてきた。ただ、この10年、社外取締役の導入などコーポレート・ガバナンスに対する意識が高まり、いまや監査役制度は「ガバナンスの要」と重視されるようになった。

その中で、今回、今津氏は経営者不正に関する情報をつかみ、それに対処した。一方で、取締役会に報告して調査を求めるなど、ゴーン元会長と直接、対峙することはなかった。

これについて、知り合いの監査役や元監査役、弁護士らから今津氏の評価を聞いたところ、ゴーン元会長の影響力を考えたうえで、今津氏の行動を支持する声が多かった。

ある監査役の1人は、「監査役の置かれた状況、違法行為の種類、程度などによって採るべき対応は様々」として、今津氏は十分に監査役の責務を果たしたという考えだった。中には、監査役が捜査当局に通報できるような仕組みが必要だろうという声もあった。今津氏は裁判が終わっても、マスコミの取材などを受けることはなく、表だってこの件について発言はしていない。

日産は2019年6月に指名委員会等設置会社へ移行したが、有事の際、監査役はどう行動すべきか。今津氏の行動についてもっと検証が必要なのではないだろうか。

ゴーン元会長と、その後に不祥事に見舞われた西川氏らが会社を去った一方で念願のルノーとの関係は対等になった。そして日産は新しい時代を迎えることになった。

この事件では、日本版の司法取引が利用されたことも話題になったが、その陰には1人の監査役の行動があったのである。

第5部

…

かがやける監査役に

第11章

KAMで監査役を変える

「したがって、その（ＫＡＭ）導入に当たっては、会計監査人、経営者、監査役等の三者の緊密な連携が不可欠だと思っております」

「執行（経営陣）側と監査人の意見が対立する場合には、執行側と監査人と監査役等が共同して開示を促すことになると思います。それでも開示されない場合に、監査人がＫＡＭに何らかの形で記載することが出来るようにするかどうか、検討が必要ではないでしょうか」

（２０１７年10月17日の企業会計審議会監査部会で）

「（センシティブ情報について）経営者が開示しないと言い張る場合は、監査役が出て対応するべきです。日本の監査役は非常に強い権限を持っていますので、経営者を説得するという役割は、監査役に大いに期待されていると思います。申し上げたかったことは、開示の充実がまずあってこそ、ＫＡＭが充実するということです。次に監査役の位置付けについて申し上げます。金商法からＫＡＭを導入するか、あるいは会社法についても対応するかは、今後のご議論次第だと思いますが、仮に金商法のみとなった場合、監査役等の役割は明文化されておりませんので、監査役等の位置付けを法的にどう整理するのかは、今後検討するべき課題の1つと考えています」

「さらに日本公認会計士協会による試行の結果報告に、ＫＡＭ導入により監査役等の監査報告書の記載に影響を及ぼすと予想されるとありました。会社法にＫＡＭを導入した場合は別として、金商法のみの導入となった場合には、会社法の監査報告でＫＡＭが求められていないのに、監査役等が監査役の監査報告書で意見を述べることができるのかという点もご議論いただきたいと思います」

（２０１７年11月17日の企業会計審議会監査部会で）

「最終的に減損が認識された場合や、訴訟費用が計上された時点で、突然の情報に驚くケースがあるかと思います。それらの事例につき、それまでどういう開示がされてきて、その決算処理になったのかということをルックバックしていくという作業を、利用者の方も含め、一つ一つ丁寧にやっていくことが必要と考えています」

「企業側にも、センシティブな情報であったから開示できなかったといった理由があり得ますが、会社はどのような情報をセンシティブと考えたのかというのも、例を集めていくことは有意義ではないでしょうか。ぜひフォローアップを実施し、それを通じて、さらなるＫＡＭの開示の改善につなげていくということが望ましいと考えています」

（２０１８年４月24日の企業会計審議会監査部会で）

ＫＡＭとは「Key Audit Matters」の略で、「監査上の主要な検討事項」と訳される。「監査上」とあるが、これは監査役による監査ではなく、会計監査人（金融商品取引法では監査人で公認会計士や監査法人）が担う会計監査のことだ。監査役と会計監査人は同じ「監査」の言葉が使われているため、ときに混同する人もいる。確かに間違えやすい。

監査役は社内の人で役員でもある。会計監査人は、外部監査と呼ばれるように基本的に外部の人だ。仕事も異なる。監査役は会社の業務内容を主に適法性の観点から監査し、会計監査人は会計分野について計上方法などで誤りや、粉飾はないかを調べる。監査役は、会計監査人が経営者の圧力を受けずに独立してしっかり会計監査をやったかどうかを見極めることも仕事である。

「監査」を担う監査役と会計監査人。ＫＡＭには、両者の協力を促し、結果的に監査役の実力と責任感を高め、法が定めた地位に持っていこうとする狙いも込められている。

●●● 紋切り型の監査報告書の是非

まずはＫＡＭの成り立ちを見てみたい。

会計監査で公認会計士が企業の決算を調べる場合、すべての分野をまんべんなく追いかけるわけにはいかない。人手も時間も限られているためだ。どの業界もどの会社もそうだが、業務には、間違いの起きやすい分野、もしくは不正を犯しやすい仕事がある。そこを人手や時間をかけて集中的に調べれば、より効率的な監査ができるという考えが定着している。

その「主要な」というところを書き出して公表してもらう。それがＫＡＭだ。

２０２１年３月期の決算から、約４千社の上場企業を対象に本格的に導入された。公表されることによって歴史の目にもさらされる。監査人も緊張する。

なぜ、このような制度が始まったのだろうか。

監査法人や公認会計士がその企業を監査したあと、監査報告書を提出する。当たり前だが、公表される。各企業のホームページなどから有価証券報告書を見ると、必ず最後についている。

問題は中身だ。これがあまりにも画一的だ。

ほとんどは、「当監査法人は、我が国において一般に公正妥当と認められる監査の基準に準拠して監査を行った」「当監査法人は、意見表明の基礎となる十分かつ適切な監査証拠を入手したと判断している」と紋切り型の文言が並ぶ。そして、財務諸表について「全ての重要な点において適正に表示しているものと認める」としている。

だいたいが１ページもしくは２ページ。監査法人が１年間、手間暇かけ、企業もそれなりのお金を払って調べてもらったわりには、極めて短い。

紋切り型の文章に加え、「意見表明の基礎」「十分かつ適切な監査証拠」などと、専門的で抽象的な文言が目立ち、読者フレンドリーな文章ではない。実際、これに目を通す人はほとんどいなかったのではないだろうか。

会計監査は企業の内部に踏み込んでいくという業務の性格上、厳格な守秘義務が課されており、具体的な業務の中身が見えず、ブラックボックス化されてしまい、どんなことを行っているのかは外部からは見えにくい。監査報告書において明確なのは、「決算書は適正に表示している」という結論だけである。

批判される会計監査人

外部から見えにくいということもあってか、不正経理などが発覚すると、経営者と同じくらい会計監査人や監査法人が責められる。

それでも監査法人側はこれに直接、反論することはない。守秘義務があるためだ。マスコミの取材に対しても、「何もいえません」といった対応だ。

ほとんどの監査法人は真摯に仕事をしている。年間を通じて、相当の体制を敷いて専門知識を駆使し、その企業の財務を調べ上げる。時に過ちを指摘し、科目の変更を求めることもある。

それだけ一所懸命にやったのであれば、何を調べたのか、その結果や過程についてもう少し外部に説明してもいいのではないか。そんな声が増えていった。国際的にも、監査報告書の「長文化」もしくは「透明化」といった議論や動きが出ていた。

日本に導入するうえで、大きなきっかけになったのが、２０１５年４月に発覚した東芝の不正会計だ。

このとき、東芝はパソコン事業で「バイセル取引」という名のもとで利益をかさ上げしていたことが発覚した。会計監査を担当していた監査法人にも批判が集まった。

この案件を調べた第三者委員会の報告書によると、月によっては営業利益が売上高を上回っているという異常な数値があった。「監査法人は何をしていたんだ」と非難の声が渦巻いた。

これを受け、急きょ発足したのが、金融庁の「会計監査の在り方に関する懇談会」だ。メンバーは、明治学院大学名誉教授の脇田良一氏を座長に、日本公認会計士協会長の森公高氏、青山学院大学大学院教授の八田進二氏ら8名であった。2015年10月6日に初会合を開き、3回の会合の後2016年3月8日に「会計監査の信頼性確保のために」という提言をまとめた。

提言の中には、監査法人が遵守するガバナンス・コードの策定など、実務的な提言がいくつかあった。その中の1つが、「会計監査に関する情報の株主等への提供の充実」だった。

提言は、監査報告書について「現在の監査報告書は、財務諸表が適正と認められるか否かの表明以外の監査人の見解の記載は限定的となっている」と指摘した。英国では監査人が着目した虚偽表示リスクを監査報告書に記載していることを挙げ、「監査報告書の透明化」という言葉を使い、紋切り型ではない報告書の策定の必要性を示したのである。

提言を受け取った金融庁はすぐに動いた。企業会計審議会の監査部会を催し、透明化の是非と、その具体化に向けて議論を始めた。

監査役をかませる

ＫＡＭには、会計監査人の信頼回復のほか、もう１つ大きな目的が隠されている。それはＫＡＭの手続きの中で監査役らに一定の役割を負わせ、その地位を高めることだ。

監査人が執行側（経営者ら）と議論を尽くしても、意見が折り合わないこともある。こんなときはどうするのか。

そのとき、経営者と会計監査人の間に入って調整する役割、それを監査役らに担ってもらう仕組みを導入した。場合によっては経営者を説得して開示するよう監査役が促してもいい。

それによりＫＡＭの制度に信頼性を与えることになる。経営者と会計監査人の意見が割れたとき、そのときこそ監査役たちの出番だといえよう。

ＫＡＭ導入に伴う監査基準の改訂では、「監査人は、監査の過程で監査役等と協議した事項の中から特に注意を払った事項を決定し、当該決定を行った事項の中からさらに、当年度の財務諸表の監査において、職業的専門家として特に重要であると判断した事項を絞り込む」と定義された。監査役の責任が重くなった。監査役はもう逃げられなくなった。

有価証券報告書を総会の前に

監査部会ではKAMの積み残しの課題も明らかになった。

会社のあり方や情報開示を規定する法律は2つある。会社法と金融商品取引法である。会社法は株主総会に提出する書類の内容を定め、金融商品取引法は有価証券報告書の中身を決めている。

KAMについて話し合う企業会計審議会の監査部会は、金融庁の組織で、つまり金融商品取引法の中での話だ。一方、会社法の所管は法務省で、KAMとは直接関係はない。

金融商品取引法、つまり有価証券報告書に付けられるのがKAMだ。投資家は有価証券報告書を見ればいいので、それで十分なような気がする。だが、そこに大きな課題が浮上した。

通常、株主総会の議案や事業報告を盛り込んだ招集通知は開催日の2~3週間以上前に投資家が見られるように会社は準備する。ところが、有価証券報告書は株主総会が終わった翌日や数日後に公表されることがほとんどだ。

作業量や日程上の理由が大きいが、そうなると、投資家にはKAMの情報が提供されないまま株主総会が開かれることになる。総会での中心的な議案に役員の選任議案がある。これに賛成するか反対するか、KAMはまったくその検討材料にならないまま、議決権を行使することになる。投資家に向けてせっかくKAMを導入したのに意味が半減してしまう。

監査部会では、株主総会の資料にもKAMを提出すべきだという意見が相次いだのだった。

SMBC日興証券のシニアアナリストの大瀧晃栄氏は2017年12月の監査部会において「個人を含めた株主が意見発信できる機会は、株主総会であります。そのため、株主総会前にKAMが提供されることが重要であると考えます」と発言した。

さらに、「適用に向けて実務上の課題があることも指摘されております。そのため、対象企業は社会的影響の大きい有価証券報告書提出会社にすること、そして段階的に金商法の監査報告書から適用していく方法も考えられると思います。なおその場合であっても、有価証券報告書の総会前提出を促進する制度的な後押しですとか、しかるべき時期に、会社法監査報告書にKAMを導入するような制度設計をお願いしたいと考えております」と述べ、将来は会社法で定められた株主総会の書類にもKAMを入れるよう要請した。

金融庁は慎重だった。

会社法を担う法務省の官僚は、裁判官や検事など司法資格を持つ人が多く、株価や景気動向、金融市場の動きに敏感な金融庁の官僚とは少々行動パターンが異なる。会社法もそうだが、民法や刑法など基本法を扱うため、投資家のためとか、産業界のための政策ではなく、国民全体への影響を考える。どうしても腰が重くなる。

2018年4月24日の監査部会で事務局を務めた企業開示課長の田原泰雅氏はこういっている。

「会社法上の監査報告書における取扱いでございます。この点につきましてもご議論を頂戴したところでございます。株主等と企業との対話の実効性を高めるという観点からは、株主総会前に『主要な監査上の検討事項』が提供されることが望ましいというご意見を頂戴しました。また、金商法に基づく監査と会社法に基づく監査は実務上一体として実施されておりますので、双方の監査報告書において『主要な監査上の検討事項』に記載すべきとの指摘も頂戴したところでございます」とメンバーから強い要請があったことを認めながらも、「一方で、適用当初におきましては、記載内容についての監査人と企業の調整に一定の時間を要することが想定されますことから、現行実務のスケジュールを前提とすると、適用当初に会社法上の監査報告書に記載するというのは課題が多いのではないかというご指摘も頂戴したわけでございます。したがいまして、今回は当面、金商法上の監査報告書においてのみ記載を求めることとしてはどうかということで、その旨記載をさせていただいているところでございます」と発言した。

株主総会前に提出する招集通知に対するKAMの記載は見送られることになったが、その直後、こんな意見が交わされた。

大瀧氏は「金商法の監査報告書のみとするご提案についてですが、今回、適用当初の実務上の理由等を勘案されたと理解しております。私は、監査報告書の透明化はコーポレートガバナンスの深化の1つであって、守りのガバナンスである会計監査についても、KAMが記載された監査報告書を軸に株主とのコミュニケーションが活性化するよう、株主総会前に監査報告書を検討できる仕組みを整備する必要があると思います。そのため、今後、適切な時期に速やかに会社法監査報告書の導入に向けての議論が再開されることを期待しております」と発言した。

これに対し、幹事として出席していた法務省の竹林俊憲氏は「私どもといたしましては、会社法上の会計監査報告書にKAMを任意で記載いただくことについては差し支えないと考えております」と応対したのだった。

現実的には、会社法と金商法と制度の違う2種類の開示が求められ、企業の担当者や会計監査人は疲弊している実情がある。

会社法で定められた株主総会前に提出する招集通知の情報量は有価証券報告書よりもかなり少ない。まずはこの水準を改めないと、株主総会でのKAMの開示は難しいといえるだろう。法務省の担当者は招集通知につく監査報告書にKAMを記載しても問題ないという見解を示したが、制度や慣行を抜本的に変えない限り、現実的に難しいのは明らかだった。

KAMの導入にあたり、日本企業の情報開示が抱える根本的な問題も明るみに出たといえる。

監査役と公認会計士の関係は

2021年2月、日本公認会計士協会の手塚正彦会長と日本監査役協会の後藤敏文会長が連名で「2021年3月期決算への対応について」との文書を出した。会計監査人と監査役らの代表が、新型コロナウイルスの影響、そしてKAMの導入という2つの大きな課題を挙げ、「お互いに連携を一層深めてほしい」と訴え、相互の協力を呼びかけたのだった。

ＫＡＭにおいて、監査役たちと公認会計士はどのくらい結びつきが強まったのか。

２０２１年６月、上場企業がＫＡＭを一斉に公表した。ここで各監査役たちはどう動いたのだろうか。日本監査役協会が実施したアンケートでその実態が浮かび上がっている。

調査は２０２１年７〜８月で、上場会社を対象にインターネットを使って調べた。２０４５社を対象にし、回答があった１０５１社分を集計、分析した。その中で監査役らと会計士とのコミュニケーションが変わったかどうかを聞いている。

「質」に対して変化があったか、という問いには、59・9％があったと回答した。40・1％がなかったと答えた。あったという回答が６割で、ないが４割。なかったというのが４割というのはちょっと寂しい気もするが、過半数の企業で効果があったともいえる。

「あった」と答えた会社のコメントを見てみる。

「以前から特に注意を払った事項として会計監査人から報告を受けていた項目がほとんどであったが、ＫＡＭ導入以降、一方的に聞くだけでなく、監査役としての意見も積極的に発言するようになった」

「考え方や（ＫＡＭの）候補の選定について、子会社を含めた監査役全員に対して勉強会を実施。会社が抱える会計上の課題について認識を共有した」

ＫＡＭをきっかけに両者の対話が促進されたようだ。

では、「なかった」という場合はどんなコメントなのか。

「KAMの有無にかかわらず意見交換を行っており監査内容に特段の変化はない」

「KAMに準ずる内容については以前から議論していたため、それを正式に行うか否かの違いしかないと考えている」

以前から、重要な監査項目については、意見交換しており、KAMという形で新たに公表されるからといって特に変化はないとの声だ。

日本監査役協会は、質的だけではなく、「量」についても調べている。量的（時間や回数）な変化について、「あった」が47・9％、「なかった」が52・1％。

同じようにコメントも付されている。

まず「あった」のコメントだ。

「監査役会向け報告時の回数は増えた。加えて監査役会でも議論や理解不足を埋める協議等を行っているため、量的には増加した」

「通常の監査法人とのコミュニケーションに加えて、期中となる12月にKAMの項目候補の絞り込みという議題を個別に取り上げて、集中的に監査法人と監査役で議論を行った。KAMに記載の内容については監査の過程で確認済の話であり、あくまでも、KAMを外部へ公表するために、KAMとして選定する考え方や文言等といった形式的な確認のために、新たな時間を要した」

「なかった」はこうだ。

「議論としては従来実施していた月例ミーティングの中で実施しており、回数としては変化なし」

「従来の重点監査事項が名前をかえただけと捉えている」

ＫＡＭへの反応はまちまちなようだ。それでも、半数の企業で、監査役たちと会計士の関係が強化された様子が浮かび上がっている。一定の政策効果はあったのではないか。

●●● 日本航空のＫＡＭ

具体例を見たい。日本航空では、有限責任あずさ監査法人（以下、あずさ監査法人）が有価証券報告書に添付する形で２０２１年6月18日、ＫＡＭを公表している。

日本航空のＫＡＭは３つ。ＩＴ・マイレージ、繰延税金資産、固定資産の減損だ。

１つ目のＩＴ・マイレージは、「収益認識の前提となるＩＴシステムの信頼性及びマイレージに関する重要な見積もりの合理性」とのタイトルだ。ＩＴとマイレージの組み合わせに一瞬、意外な感じもするが、マイレージは極めて複雑な制度だ。日本航空は、世界的な航空会社のグループ「ワンワールド」の一員として、グループ内で連携している。さらに、マイレージは飲食や小売り、映画など他社との提携によって多種多様なサービスと交換できる。有効期限の関係で年度をまたがって失効するケースもある。このマイレージをどのように組み込んで売り上げとするのか。収益の認識にも大きな影響を与える。また、それを支える強固なＩＴシステムが必要だ。あずさ監査法人は、そのＩＴシステムをきちんと管理しているかどうかや、マイレージの失効割合や選択するサービスの構成についても吟味したと記されている。

2つ目は「日本航空株式会社の繰延税金資産の回収可能性に関する判断の妥当性」。これはやや難解だ。繰延税金資産とは、税金の前払い分を資産として計上することだ。企業会計と税務会計が違うために生じる費目で、その年に企業会計上の金額よりも実際の税の支払いが多かった場合、次年度以降、実際の税の支払いが少なくなるため、それらの年の企業会計上の利益をかさ上げさせる効果がある。ただ、赤字転落などで次年度以降に一定の課税所得が見込めない場合は、逆にこの資産を取り崩すことになり、利益も減額方向に働く。具体的な予算科目としては、「法人税等調整額」などになり、これによって最終的な利益が大きく左右される。

2021年3月期の日本航空の有価証券報告書を見ると、繰延税金資産が2258億円計上されている。

この期はコロナ禍で最も大きな影響を受けた年だった。日本航空の経営さえもが危ぶまれた時期で、当然、将来において利益を上げられるかどうかわからない。監査で重点が置かれるのは当然だろう。

3つ目が、「航空運送事業の固定資産の減損損失の認識の要否に関する判断の妥当性」だ。この固定資産の減損は、監査役会側が強く要望したものだった。

日本航空のKAMをめぐっては、あずさ監査法人と監査役会がそれぞれ、項目を出し合った。監査役会はKAMの候補として、固定資産の減損と、繰延税金資産の2点を挙げた。あずさ監査法人側が挙げたのが、IT・マイレージと繰延税金資産だったという。このうち繰延税金資産は共通している。ＩＴ・マイレージについても、監査役会として拒むものではなかった。

監査役会が挙げた日本航空の固定資産とは何か。

主に航空機が挙げられる。持っているのは、ボーイング７７７が37機、同７８７が46機など計１８８機だった。有形固定資産は１兆４５４億円になる。コロナ禍で国際線はストップし、将来の収益が大幅に下がることも予想される。

ＫＡＭの記載について打ち合わせを重ねる中、あずさ監査法人側からも固定資産の減損についてもきちんとテストをしたいとの話があった。

日本証券アナリスト協会は２０２２年２月、「アナリストに役立つＫＡＭの好事例集」として、上場会社２３４２社の中から26のＫＡＭを抽出した。「詳細かつ分かりやすくて役に立つ」という視点で選んだという。

その中に日本航空もあった。

その理由として「航空業界担当のアナリストでなくても理解できるように、旅客収入、契約負債認識の仕組み、会計処理方法が分かりやすく説明されている」「単体の繰延税金資産（繰延税金負債との相殺前）が連結総資産の９・５％に相当することが記されており、その重要性とＫＡＭに選定した理由が分かりやすい」などの説明があった。

KAMの誤解を解く

2021年8月26日の『日本経済新聞』において「財務監査の重要項目『KAM』、減損リスクが最多、全体の3割」という記事が掲載された。

2021年3月期に出された上場企業のKAMをあずさ監査法人が分析したところ、全体の3割を固定資産の減損リスクに関する項目が占めていたことがわかったという内容だ。

記事では、日本航空についても触れられていた。繰延税金資産の回収可能性を取り上げたことについて、「同資産は将来の収益力低下が見込まれれば取り崩す必要があり損益にマイナス影響がでる」とある。

KAMの目的は、自らリスク情報を詳しく示して監査の過程を知ってもらうことだ。ある意味、監査人が財務諸表の内容をしっかり監査したという証明にもなる。企業と投資家との対話にもつながる。

マスコミはニュースを追いかける。どうしても、リスク情報に焦点を当てがちになる。やむを得ない面もあるが、「逆にKAMに取り上げられたからこそ安心なんだ」と受け取ってもらうには、金融庁や企業、会計監査人、監査役らのさらなる働きかけが必要なのかもしれない。

第12章

残念賞か、栄光あるポストか

「私が投資家なら、非業務執行役員が当該会社のガバナンス体制についてどう考えているか、その考え方を聞きたいと思います。社外取締役に対し執行側からの説明や資料の提出はあるかとか、適時適切に報告がなされているかとか、あるいは経営会議には希望すれば出席させてもらえるのかなどなど。そういうことを聞けば、その会社の執行のガバナンス意識がかなりわかります。おそらく執行側の方に聞いても、コーポレート・ガバナンス報告でもう全部コンプライと言っている以上、違うことは言えないと思います。非業務執行役員はそのために独立した立場でいると思いますので、彼らからのインタビューを受けるというのは有用ではないかと思います」

（2019年10月2日、金融庁のスチュワードシップ・コードに関する有識者検討会で）

「私も企業におりましたときから見積りというのは大変難しい問題だと実感しておりました。見積りというのは正解がありません。一方、見積りは、経営者の判断で行われており、経営者の誠実さや倫理観に非常に大きく関係する場合がございます。それを監査する監査人も事業を行う経営者の知見には到底かなわないと思います。そこで当然、社外も含む監査役等とのコミュニケーションは非常に重要だと思います。その場合の監査役等には、『Those Charged with Governance』という意味で、株主のために監査しているという強い自覚が求められていると思います」

（2019年12月6日にあった金融庁の企業会計審議会監査部会で）

「監査役はコーポレートガバナンス・コードの中では、自らの守備範囲を過度に狭く捉えずに活動することを、原則の4－4で述べています。そういう意味では、任意の委員会に参加して、意見発信をすることや、投資家から要望があれば、その対話にも積極的に応じることが望まれます。そのために補充原則の4－10①とか、原則の5－1で、独立社外取締役と並行して、社外監査役または監査役を加えることを希望いたします」

「投資家との対話というのは、難しいかもしれませんが、ＫＡＭ（Key Audit Matters）の導入をきっかけに、監査役が会計監査人と打合せてＫＡＭの項目を決定する主導権を取る、英語で『Those charged with Governance』という役割を担っています。これは、日本の監査役は取締役ではないけれども、この立場を担っていかなければならないのです。開示されている情報のほかにリスク情報、ネガティブ情報はないのかと投資家に聞かれた場合でも、全て開示していると答えられるのは監査役であるべきです。開示がされた上でＫＡＭも作成していると答えられるようにすることが監査役の責任ではないかと思います」

（2021年3月9日のスチュワードシップ・コード及びコーポレートガバナンス・コードのフォローアップ会議で）

「Those Charged with Governance」という言葉がある。ＫＡＭ（監査上の主要な検討事項）など国際的な監査に関する文章に登場する。日本語にすれば、「ガバナンスに責任を負う者」「統治の責任者」だ。

これらガバナンスの担い手、統治の責任者とは一体、だれなのだろうか。経営者（社長）ではないのか。これを、監査等委員、監査委員を含んだ「監査役等」だと主張する人がいる。

まずは、大前提となるガバナンスとは何かを見ていきたい。金融庁のコーポレートガバナンス・コードにおいては、コーポレート・ガバナンスとは、「会社が、株主をはじめ顧客・従業員・地域社会等の立場を踏まえた上で、透明・公正・かつ迅速・果断な意識決定を行うための仕組みを意味する」としている。

素直にこの言葉を読むと、ガバナンスという仕組みを作り上げるのは経営者になるのではないか。しかし、その仕組みを点検し、適切に運用されているかどうかをチェックするのは取締役会や監査役になる。「監査役は統治の責任者」という主張もうなずけないことはない。

会社法上でも、監査役は時に会社を代表する。例えば株主代表訴訟の提訴通知は、経営者ではなく、監査役等に向けて提出される。

また、ＫＡＭでは、監査役や監査等委員らは会社を代表する形で監査法人とテーマの設定にかかわる。

では、監査役は本当に「Those Charged with Governance」に該当するのだろうか。

・・・会計士から見れば

2019年12月6日に行われた金融庁の企業会計審議会監査部会。見積りの妥当性などが議論される中、「Those Charged with Governance」という言葉が出た。

公認会計士の住田清芽氏は国際的な監査基準の改訂にも触れながら、こういった。

「見積りは経営者のバイアスがかかりやすいところで、どういうふうに客観性を持たせていくかが会社に求められている」と第一義的に経営者の責任であることを強調しながら、「(会計監査人として)複雑な見積りであればあるほど会社のガバナンスがどういうふうに機能しているかを見なければいけない」と述べている。適正な見積りを出すには、会社のしっかりとしたガバナンスが必要だという。重要な指摘ではないだろうか。

住田氏はそのうえで「『Those Charged with Governance』と呼ばれる、日本でいえば監査役等とのコミュニケーションを強化しなければいけないというメッセージが(国際的な監査基準の中に)入っていると思いますので、こういう観点は日本でも必要なのかと思います」と発言した。住田氏は、「Those Charged with Governance」が監査役等という前提で発言していた。

住田氏は、これよりも前の監査部会でも、「Those Charged with Governance」は監査役等だという認識を明確にしていた。

●●● 監査役の報酬は

会社法381条で、監査役は「取締役の職務執行を監査する」とその役割が定められている。取締役と同じく「役員」とも位置づけられている。

2013年のころ、「取締役の仕事をチェックするのであれば、社長（代表取締役）よりも格上、もしくは同格と言って違和感はないか」という質問に対し、法務省の担当者は「そうですね。監査する立場ですから、法の立て付けから言って違和感はありません」と答えた。

しかし、実態はそうでもない。例えば報酬はどうか。

日本監査役協会が2022年5月18日に公表したインターネット・アンケートでは、監査役の報酬水準を他の役員と比べている。

社長、副社長、専務、常務、取締役、執行役員、部長等の中で、同じ水準はどこですかという質問に対し、最も多かった回答は、「執行役員」の33・1％だった。監査役の報酬は執行役員と同格という見方がうかがえる。

ついで「取締役」が27・3％、「部長等」が19・3％だった。金額で見ると、「1000万円以上～1250万円未満」が18・7％で、「1250万円以上～1500万円未満」が15・6％、「750万円以上～1000万円未満」が15・4％と続いた。

また、同じ社外役員でも、社外監査役の報酬は社外取締役よりも少ないケースが多いという。社外取締役は月に1回の取締役会に出席することが主な業務だが、社外監査役には取締役会に加え、社長や経営陣との面談、内部監査との打合せなどがあり、拘束時間は長いとされる。監査役は、取締役など他の役員と違って業績連動型の報酬を避ける傾向がある。それだけに、社内出身の監査役の報酬は専務・副社長相当にするべきではないだろうか。

セイクレスト事件の衝撃

監査役制度に携わる人たちに衝撃を与えた裁判の判決がある。不動産を扱うセイクレスト社の不正に絡む損害賠償事件だ。「厳しすぎる」と他の監査役たちにも戸惑いが広がった判決だ。

2015年に大阪高裁で言い渡された判決（のちに最高裁で確定）は、同社の監査役に対し、同社が定めた規程を厳密に履行することを求めた。この規程は、日本監査役協会が出した監査役監査基準を準用していたという。

判決文などによると、当時の監査役は経営者の職務の執行に疑義があることを取締役会で表明し、十分な説明がない場合は辞任することも申し入れたという。これだけでも、監査役としては十分な対応で真摯に行動していたともとれる。

しかし、判決では「代表取締役の不適格な行為に対し、取締役ら又は取締役会に対し、代表取締役から解職すべきである旨を助言又は勧告すべきであった」とした。「助言」や「勧告」という制度の形にのっとって社長の解職を求めなければ、責務を果たしたとはいえないという考え方だ。

日本監査役協会が定める監査役監査基準の第23条にはこうある。

「監査役は、取締役が会社の目的外の行為その他法令若しくは定款に違反する行為をし、又はするおそれがあると認めたとき、会社に著しい損害又は重大な事故等を招くおそれがある事実を認めたとき、会社の業務に著しく不当な事実を認めたときは、取締役に対して助言又は勧告を行うなど、状況に応じ必要な措置を適時に講じなければならない」

判決では、事前に定めた責任限定契約が無効となる重過失は否定したが、これまで監査役の責任が認められた判決が多くはなかっただけに、波紋が広がったのである。

●●●いたさんの見解

ウェブ上に「監査役・いたさんのオピニオン」というページがある。いたさんは元監査役であり、そこで書かれている内容はとても勉強になる。

「No．12」ではセイクレストの判決をテーマにしている。「我々の目から見て誠実に職務を遂行したと考えられる非常勤社外監査役が任務懈怠を問われ、損害賠償責任を認定された本判決は大きな衝撃を監査役に与えました」と記していた。

さらに「（他社の）監査役の受け止め方は『同情』に基づく主観的なものに過ぎず、裁判所の法的判断を重く受け止めて、法が認めている手段を使い尽くすことが求められているとか、さっさと監査役を辞任すればよかったという声が上がっています。こうした受け止め方は適切なものでしょうか」と自ら問題を設定し、判決を分析した。

いたさんはまず、『監査役の覚悟』（同文舘出版）に出てくるT社の監査役について触れた。

「T社での古川さんの経験が教えるのは、強い権限を持つはずの監査役の制度的建前と実態との乖離であり、その中で監査役が本気で職責を全うしようとすると大きな困難に直面せざるを得ない現実でした。多大な犠牲を余儀なくされた古川さんの苦闘は、覚悟を持って困難に逃げることなく立ち向かう監査役の姿を示した点で、極めて貴重なものでした」と解説した。T社は、当時の監査役が与えられた権限をフルに使って経営者と対峙した珍しいケースだ。

そのうえでいたさんは「しかし、『覚悟』を持てと精神主義的に迫るのではなく、多大な犠牲を払うことなく監査役が責務を全うし得る条件をこそ作る必要があります。大多数の普通の監査役が、ささやかな勇気を発揮して、相応の摩擦と犠牲は已むなしとする位の覚悟を持ち、目前の現実に主体的かつ的確な判断と行動をもって立ち向かうことが、信頼される監査役のあるべき姿だと思います。今回の判決はそうした覚悟を持った監査役の足を引っ張るものにならざるを得ない点で、その罪は深いと私は考えています」と書いた。

判決はあまりに杓子定規で、かえって現状に即して真摯に取り組もうとする監査役の思いをくじくものだと主張したのである。

いたさんは「積極的で前向きな取り組みを強め、（監査役を）励ますような環境を作らねばなりません」と結んでいた。

投資家と監査役

経営者と対峙するようなときだけでなく、監査役には日常的にも、会社を代表して機関投資家などと対話してもらおうという動きもある。

2020年2月に再改訂されたスチュワードシップ・コードには、欄外の注釈17として、こんな一文が盛り込まれた。

「例えばガバナンス体制構築状況（独立役員の活用を含む）や事業ポートフォリオの見直し等の経営上の優先課題について投資先企業との認識の共有を図るために、業務の執行には携わらない役員（独立社外取締役・監査役等）との間で対話を行うことも有益であると考えられる」

実際、社外役員と投資家の対話を推し進める企業もある。

ただ、社外取締役と機関投資家の対話は動き出したようだが、社外も含む監査役との対話については、いまのところ、あまり見聞きしない。

２０１９年8月から9月にかけ、日本監査役協会は「監査役等の役割の変化」に関するアンケートを実施している。投資家との対話について聞いた項目では、「経営陣から投資家との対話に参加するよう要請を受け、投資家との対話に参加している」との回答はわずか2・1％だった。その裏返しだが、「経営陣から投資家との対話に参加するよう要請を受けたことはない」との回答が全体の86・8％だった。ただ、このうち3割の監査役には「投資家との対話に監査役も参加すべきであると考えている」と前向きな姿勢も見られた。今後に期待したい。

栄光あるポスト

２０１９年12月11日にあった金融庁のスチュワードシップ・コードの有識者検討会で、メンバーでもある経営コンサルタント、冨山和彦氏が一通の意見書を出した。コーポレート・ガバナンスの第一人者であり著書も多く、いつも平易で率直な言葉遣いで監査役のことを表現している。

意見書ではまず、社外取締役について、「不正会計やデータ偽装、不正な金品授受などの問題で、それを社外取締役が見抜けなかったことを批判する論調があるが、カネボウ事件などでこうした問題を度々暴く側で仕事をしてきた経験からいえば、少なくとも事件の早期発見という意味で、社外取締役ができることは限られている」とその能力の限界を指摘する。

そして、「深刻な不祥事を未然に防止する、あるいは早期に発見し深刻化する前に不祥事の芽を摘み取る上で真に問題なのは、より社内情報に通じ、色々な内部通報に早い段階から接するチャンスを持っている社内あるいは常勤の監査役、監査委員の機能が必ずしも強くない点である」と監査役と監査委員の問題点を指摘しながら、「トップではなく、株主及びステークホルダー全体に直接責任を負う監査役・監査委員こそが最後の砦である」と監査役らの存在に期待感を込める。

ただ、「多くの社内常勤監査役や監査委員は、取締役になれなかった人、功績に比べて処遇できなかった人の残念賞的な位置づけの人のあて職になっている実態がある」と「残念賞」という言葉で監査役の実態を表現した。そして「したがって会計や法務、コンプライアンスの専門家ではないケースが多く、なかには営業一筋、生産一筋で、会計や法務についてはまったくの素人というケースも散見する。この実態に対して監査役、監査委員についてあまりにもお粗末なかかる慣行を根本的に改め、社内出身や常勤の監査役、監査委員をコンプライアンスラインや財務会計ラインの専門家のゴール的な重要かつ栄光あるポストに位置づけなおし」と訴えたのだった。

「残念賞」なのか、「栄光あるポスト」なのか…。

それを決めるのは監査役自身にほかならない。

第6部

【対談】監査役のあるべき姿を考える

八田進二・岡田譲治／［進行］加藤裕則

1部から5部まで、監査役制度の抱える根源的な課題や、コーポレート・ガバナンスが直面する問題、現実に起きた経済事件について見てきた。

本部では、岡田譲治と青山学院大学名誉教授の八田進二氏にこれまでのテーマについて意見を交わしてもらった。進行は加藤裕則が務めた。（※対談は2022年秋に実施）

加藤　お2人にうかがいます。そもそも、監査役はだれが決めるのでしょうか。岡田さんは実際、三井物産の監査役を退任するとき、後任の候補を提案したとうかがいました。

岡田　私を含めて社内出身の常勤の監査役2人が任期で退任する予定でした。その後任として4人の候補を当時の社長、安永竜夫さんに提示しました。実際、その中から2人が選ばれました。

加藤　2人ではなく、4人なのですね。

岡田　会社側にも事情があります。現在の監査役が、この人にと決め打ちした場合、会社も困ってしまうと思います。経営者と監査役が良好な関係であったとしても、「後任にどうでしょうか」と名前を挙げたAさんについて、「いや、実はAさんはCFO（最高財務責任者）にしたい」だとか、「次の●●本部長にと思っている」と経営者がいってくる可能性もあります。私は社長に対し、4人とも難しい場合、そのときはいってくれ、相談してくれともいいました。こちらの思いが受けられなかった場合、そのときは社長と対峙するつもりでした。

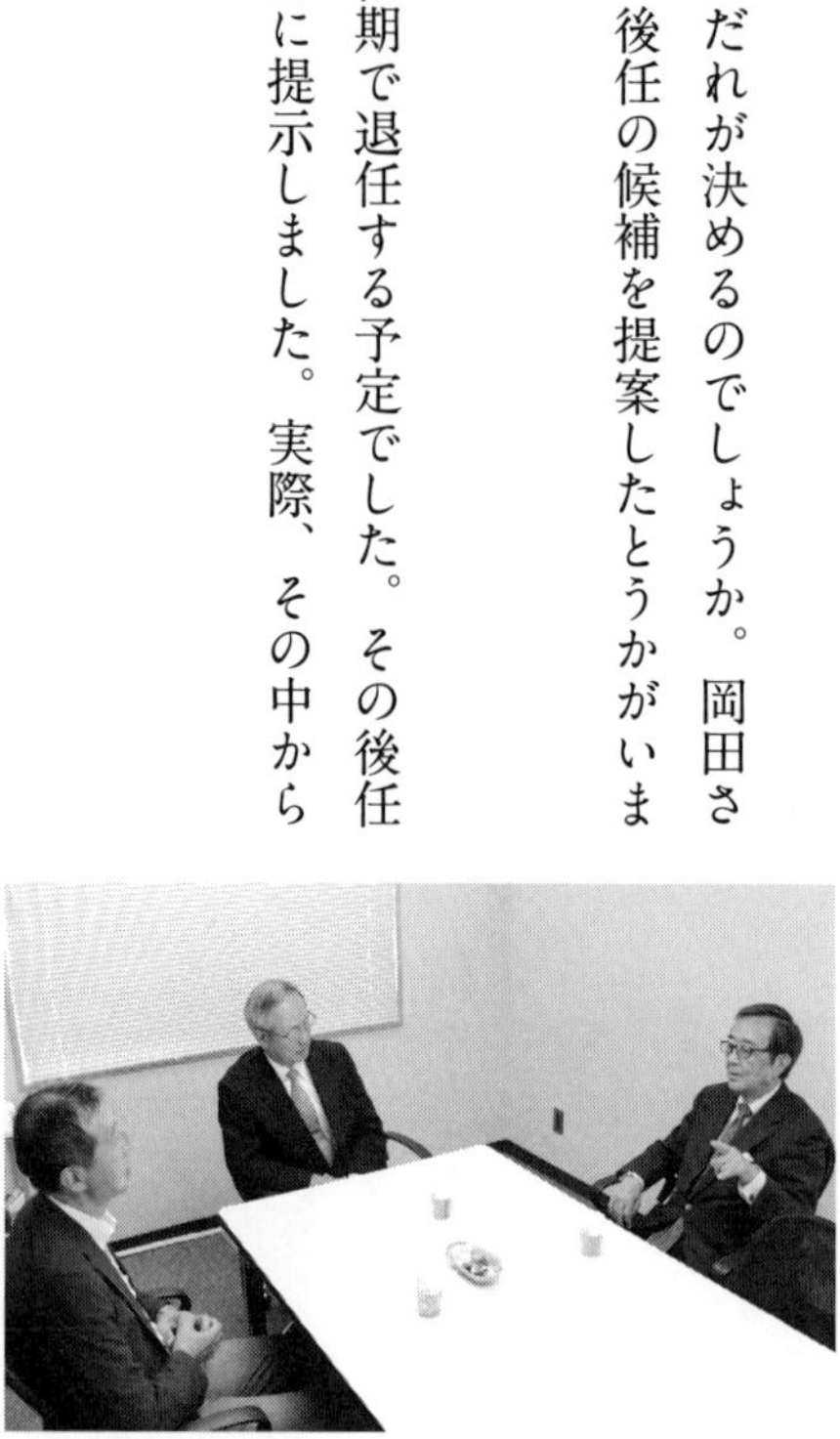

加藤　「決め方」について、八田さんはどう見ていますか。

八田　制度の面からいうと、監査役は株主総会で選ばれます。では、株主総会に提出する候補の案はだれがつくるのか。それは取締役会です。その個々の取締役も総会で選出されますが、実際の人選の力を持つのは代表取締役たる社長です。日本の会社で、特に人事案件で社長に物申すという人はそういないでしょう。そう考えると、監査役は実質的に社長が決めているといえます。一方で、監査役には会社法で同意権が与えられています。同意権は行使していると思いますが、監査役が新たな同僚や後任を迎えるにあたり、だれが適任なのかということを考え、監査役たちが自ら発議する例はほとんどないでしょう。岡田さんはそれをされたということです。

岡田　会社法343条に同意権が規定されています。一方で、第2項には、「監査役は、取締役に対し、監査役の選任に関する議案を株主総会に提出することを請求することができる」、つまり提案してもいいと書いています。素直に読めば、監査役は「これは」と思う人をどんどん提案していいのです。ただ、日本監査役協会の事務局にこの提案権について聞いてみても、どうもはっきりしません。改めて法律の専門書を見ると、監査役が提案できるとはっきりと書いてある。我が意を得たり、の思いでした。

加藤

私も日本監査役協会の方々などコーポレート・ガバナンスに携わる知り合いに聞いてみましたが、意外にこの第2項の「提案権」を知らない人も多く、驚きました。実は私も知りませんでした。同意権だけだと思っていました。専門書を見ても、343条の項目として「同意権等」となっていて、同意権が前面に出ていることが影響しているのかもしれません。

岡田

監査役の多くは、経営者が出してきた監査役の人選に同意すればいいと思っているようです。でも、監査役がそこに密接にかかわっていくべきだと思うのです。ところが、会社法はあいまいな書き方をしている。なので、コーポレートガバナンス・コードのフォローアップ会議で提案し、その旨を書いてほしいと要請しました。

加藤

どうなりましたか。

岡田

原則4－4の中に「監査役」を盛り込みました。従来の外部会計監査人の選解任に加え、監査役の選解任においても監査役は適切な判断を行うべきであるという位置づけになりました。本当はもっと明確に盛り込みたかったのですが、いきなりは無理でした。そもそも、私は執行（経営者）側が監査役を決めてはならないといっているわけではないんです。相談しましょうというのが趣旨です。私がいま社外監査役をしている日本航空でも同じような話をしています。これは根本的な話になりますが、監査される人が、もしくは監査される人だけで監査する人を選んでいるという実態があり、それでいいのかという問題提起です。

隙間に落ちた監査役監査

八田　実は、日本の監査役制度については、商法学者、会社法学者も真正面から取り組んでこなかったと思っています。商法学者、会社法学者の関心は、会社の設立や株式の取扱い、株主総会、さらには取締役の権限や責任が中心だったのではないでしょうか。また、企業の総務部や法務部、あるいは学会などガバナンスに関心を有する人たちの間でも、監査といえば、監査役による監査でなく、公認会計士（監査法人）による会計監査という認識だったということです。監査論の研究者も、監査役監査は商法（会社法）の研究領域という受け止め方で、十分な議論をしてこなかったのです。

岡田　監査役のあり方や制度は、エアポケットというか、隙間に落ちてしまったのですね。

八田　それが証拠にこんなことがありました。かなり前になりますが、かつて公認会計士試験の試験委員を務めたときに、日本の株式会社の機関設計で、監査役はすごく重要だと思っていたので、「監査論」

の試験問題として、監査役の役割や機能について出題すべきだと考え、事務局に確認したことがあります。

加藤　事務局はどう判断したのですか。

八田　事務局は、それは「商法」の試験範囲だというんです。監査役に関する問題を出してはいけないというのではないですが、「監査論」の出題範囲は、公認会計士による監査か、もしくは社内組織による内部監査を対象にしているという認識でした。そもそも、会計監査を規定する金融商品取引法と、商法（会社法）の分野での交流がなかったのです。

岡田　これまで監査役の方からも議論を高めるような動きはなかったのですか。

八田　私は会計監査が専門分野ですが、監査全般についての研究を行って、会計士監査と監査役監査の双方に対して様々な提言をしてきました。しかし、残念ながら、当の監査役の人たちがなかなかサポートしてくれません（笑）。日本の監査役制度にはいいところもいっぱいあると思っていますが、それがグローバル・スタンダードに合わないなどといわれて批判を浴びる。ただ監査役と会計士がそれぞれの役割をうまく果たせば、それがグローバル・スタンダードになるのではないかといつもいっているのですが。

加藤　監査役と会計士は、役割が違うのですね。

八田　会計監査は財務情報の信頼性を保証します。会社には様々な業務がありますが、最終的には会計の数字に帰結して財務情報として表れます。したがって、できれば会計士に業務全般についても見てほしいのですが、立場的にも、時間的にも制約があって現実には難しい。そこで、監査役は、会計士が十分に見ることのできない会計以外の会社業務について適切かどうかを見ることが主な仕事です。双方がうまくその責務を果たせば、監査として理想的な形になるのではないでしょうか。

加藤　監査役監査と会計監査の連携が必要なのですね。この2者に内部監査を加え、「三様監査」という言葉があります。この数年、それぞれの連携が重視されています。確かに3つの監査が1つになれば強そうですね。社長に物申すことができますね。

八田　加藤さんはもしかしたら、大きな誤解をしているかもしれませんよ。多くの方たちが口にする「三様監査」の「三様」とは、もともとは「三者三様」の意味なのです。つまり、連携して1つになって監査業務にあたるわけではありません。それぞれが独自の視点と方法で監査するように設計されているのです。それぞれ、監査の目的も違います。最近、とみに「連携」を強調する傾向が見られますが、そもそも内部監査は、取締役ないしは執行役の指揮命令下に置かれています。会計士による外部監査とは大きく異なるものです。両者が「連携」して接近することはかえって、監査の信頼性を削ぐことにもなりかねません。三様監査という場合、大切なのはコミュニケーションであり、情報共有なのです。

監査は恨まれる仕事

加藤　監査という言葉でも、目的や立ち位置は違うのですね。特に監査役がそうだと思いますが、いま一つ、その大切さが社会には伝わっていません。

八田　監査は、ときに煙たがられたり、避けられたりする仕事です。場合によっては社長やCEO（最高経営責任者）に物申さなければならない。したがって、気概と覚悟を持ってやらないとできません。その分、何ともいえない職責に対する満足感、達成感があります。監査役は法律条文上、多くの権限を与えられています。あとは、社会の人々が監査に携わる人たちをリスペクトしてほしいと思います。人間ですから、社会的な評価がその人の行動を後押しします。

加藤　覚悟が必要なのですね。岡田さんは監査役の仕事をどのようにとらえていますか。

岡田　恨まれることもあるかもしれませんが、本来、経営者にとって監査役はありがたい存在だと思っています。経営者を客観的な目で監視してくれるんです。経営者は孤独です。1人で大きな決断をすることもあります。それが法的に問題はないのか、社会の常識から逸脱していないのかを客観的に、かつ、同じ役員として見てくれる。私を監視してくださいね、何かあったら直言してくださいね、と経営者は堂々と監査役にお願いすればいいのです。

八田　そのとおりです。大きな投資案件では、後日、経営者が結果責任を問われることもあります。だからこそ、監査役のお墨付きが必要なのです。監査役は業務執行にかかわっていませんが、重要な業務の執行に関して、それが正当な手続きを踏まえて行われているかどうかチェックします。必要な情報が社内・社外で適切に開示されているか、意思決定は合議によって決まっているか、データは妥当か、といったデュー・プロセス（正当な手続き）についての監視を行うのです。もちろん、予測が外れることもありますが、それは経営判断の原則で経営者の責任にはなりません。監査役の仕事の真骨頂は、デュー・プロセスを確認すること

八田進二氏

です。問題を起こすような企業の多くは、情報の開示が十分ではありません。開示する情報も、よい内容ばかりではいけません。ネガティブなリスク情報を出すことも問われているのです。

岡田

監査役だって経営者に情報を隠されたら、どうしようもありません。ただ、この点で、どうも気になることがあります。企業で不祥事が起き、監査役や取締役が「聞いてなかった」「知らなかった」と弁解することを耳にします。社外監査役の例ではありますが、スルガ銀行事件の調査委員会では、「知らなかったのだから責任はない」と判断されました。報告が上がってこなかったので責任を問うことはできない、という理屈ですが、これでいいのでしょうか。自分から情報をとりに行かなければ監査役の仕事は成り立たないと思います。「私は聞いていなかった」「私は知らなかった」という理由がまかり通るようでは、監査役の立場は向上しないと思います。内部統制の確立の面でも問題があると思います。

八田

私自身、社外監査役等の経験から、自身の発言については正確に取締役会の議事録に残してもらうよう、確認しています。監査役の責任として、何をどこまで聞いて理解し、何を指摘したのか、あるいはしないのかをはっきりさせておいた方がいいと思うからです。この「知らなかった」という問題は、岡田さんがいま指摘された内部統制の議論そのものです。内部統制の構築で最も大切なのは、「情報と伝達」の要素です。正しい情報が適時・適切に伝えられること。現場からの情報もそうですが、指揮・命令も同じです。特に現場からくるネガティブ情報については、決して漏らすことは許されません。会計監査の世界ではこのようなネガティブな面を含む情報をリスク情報と呼びます。広くリスクとは、将来の不確実性のことです。悪いことばかりではありません。将来、宝くじがあたることもリスクの1つといえます。

KAMで賛否

加藤　リスク情報としては、2021年3月決算から監査報告書の中で会計監査人（公認会計士）によるKAM（監査上の主要な検討事項）の公表が本格的に始まりました。

八田　私はKAMの記載についてはかなり懐疑的なのです。岡田さんは大変お好きなようですが…（笑）。

岡田　八田さんは反対ですか。この分野の専門家ですよね。

八田　反対ということではありません。そもそも現行の会計監査人による監査報告書は短文式報告書といわれる形式です。平たくいうと、その企業が公表する財務諸表が適正か、適正でないかという結論を中心に、極めて画一的な様式での報告書を公表してきました。そのため、それでは、情報価値も乏しく無味乾燥だという批判が多く寄せられていたのです。こうした批判に応えて、これまでも「特記事項」とか、「追記情報」など、監査報告書への記載項目をどんどん増やしてきているのですが、いろんな理由で納得が得られていません。

岡田 国際対応という視点からも、監査の透明化という要請を踏まえて議論が続けられてきていますよね。

八田 そうです。とりわけ、21世紀に入って財務情報が複雑化し、予測や見積りといった将来に関する情報に決算が左右されるようになりました。経営者の意思がこれまで以上に反映されるようになり、その分、会計監査が大切になりました。経営者の見通しや予想に妥当性はあるのかどうかも見なければいけません。ちなみに「予想（よ・そ・う）」というのは後ろから読むと、「う・そ・よ」となります。これは冗談ですが、予想は外れて当たり前なのかもしれません。

岡田 確かに、外れて当たり前ともいえる予想について、その妥当性を判断することは難しいですね。

八田 それだけ専門的な知見が求められるとともに、これをKAMとしてわかりやすく不特定多数の人に向けた文章を書くことは、会計士にとっても並大抵のことではありません。さらに、見積りによる会計処理としての減損処理や税効果会計など専門的なことを説明しても、どこまで一般の投資家に読まれるのでしょうか。おそらく、ほとんどの投資家は関心が薄いでしょうから、やはり、結論のみを提示するだけで十分ではないかと考えているのです。

加藤　私もいくつかの企業のＫＡＭを読みましたが、難解でした。中には日本語とは思えないような表現もあります。ただ、八田さんはＫＡＭの導入を決めた金融庁の会計監査の在り方に関する懇談会（在り方懇）のメンバーでもありましたが、どんな議論があったのですか。

八田　在り方懇では私の考えも述べましたが、参考にされた程度でしょうね。ＫＡＭの記載については、国際対応への必要性から日本公認会計士協会が強く求めていたのではないでしょうか。

加藤　ＫＡＭ導入の方向性が決まり、その後、岡田さんは企業会計審議会の監査部会の委員として、ＫＡＭの実務的な設計に携わりました。この制度に監査役をどう絡ませようと考えられたのですか。

岡田　会計監査人はまず、ＫＡＭとして何を選ぶのか、どんなことを主要な検討事項にするのか、というところを考えます。その際に、監査役と相談するというのが

岡田譲治氏

制度の中に組み込まれました。監査人と監査役が話をして、「これを入れたい」「この点はどうか」といったやりとりがされることを想像していたのです。この過程で、経営者が「そんなことを公表されては困りますよ」といってくることもあるでしょう。その場合、監査役は監査人と経営者のどちらの立場に立つのか。監査人の側につくこともあるでしょう。経営者の言い分に理解を示すこともあるかもしれません。そこは本当にフェアーな目で、投資家の目線で判断し、間に立ってほしいと考えました。

KAMの誤解を解く

加藤　信頼性を高めるために監査役を入れたのですね。社会やマスコミの関心はどうだったのでしょうか。

岡田　ある新聞でこんな記事が載りました。2021年の夏、KAMについて「減損リスクが3割」という見出しです。これを見ると減損リスクを3割の企業が抱えているというネガティブな印象を受けました。違うんです。監査人がここを見ましたよ、ここまでやりましたと、ギャランティー（保証）してるんです。適正に減損処理を施しているのかどうか、重点的に見ましたよ、という意味なんです。メディアが「リスクだ」とネガティブな方向で騒ぎ出すと、KAMで書くべきことも書けなくなる。こんな誤解は解きたいなと思います。

八田　メディア側の会計および監査に関するリテラシーも必要ですよね。

岡田　もちろん企業や監査人が説明責任を果たすことが大事なことは間違いありません。イギリスを見ると、監査報告書の中にあるＫＡＭに対し、監査委員会が会社側としてのコメントをつけています。本来なら、こういう連携ができないと私は意味がないと思います。日本ではいまのところ、監査人によるＫＡＭだけが出て行く。監査役等のＫＡＭに対するコメントはどこにもありません。金融商品取引法の中には監査役がコメントするところがない。監査役等はこう考えていますよ、という説明があれば、ＫＡＭがフェアーな構造にある。会社側が補足やあるいは反論してもいいと思うんです。

八田　ＫＡＭの強制適用も2年目に入りました。記載される項目で見ると、固まってきた感じがします。収益認識、減損処理、退職給付、税効果会計などです。ただ、私自身はいまでも、こうした見積りや予測に係る項目を監査しましたよ、というチェックマーク形式にすればいいのではないかと思っています。ＫＡＭの記載で、監査報告書の情報量が多くなるということはいいことかもしれませんが、実はＫＡＭの内容は、すでに会社側が注記で書いていることがほとんどです。屋上屋を架している気がします。

岡田　日本監査役協会が行ったアンケートでは、「こんなことは前からやっていた」との回答もあったようです。もちろん、KAMをきっかけに真剣になったというケースもありました。

八田　確かに、監査役にとってはショック療法になった面も強いのではないかと思っています。つまり、いままでと異なって、自分たちの行動や言動が会計監査に大きな影響を与えるのですから。

加藤　KAMを株主総会に提出する招集通知（事業報告）にも載せるべきだ、との指摘もありますね。

岡田　私が社外監査役を務める日本航空でも議論しました。会計士が事業報告に添付する監査報告にもKAMを入れてもらい、監査役としても株主総会に提出する監査報告でKAMに関与したことを書くべきだと考えました。そうしないと監査役がKAMについて言及する機会がありません。先行的にやってみたいと思い、経理部に相談しましたが、総会に間に合わせるためには、監査を含め社内手続きのスケジュールを早める必要があり、いまもぎりぎりでやっているので対応できませんといわれ、あきらめました。

加藤　せっかくのKAMが株主総会に提出されないのは、変な話ですね。本来なら株主が取締役に賛成するか反対するかの材料にしてもいいことがらだと思います。

八田　そこが大事なポイントです。問題の根源には、会社法と金融商品取引法（金商法）というコーポレート・ガバナンスに関する二元的な法規制があります。2本建てなので、あちこちで齟齬が生じています。何百万社という会社すべてに適用される会社法、これは必要です。一方の金商法は主に上場会社に適用されます。違いはありますが、会社法に対応し、金商法にも対応し、会社の総務や法務部、経理部は限界に来ています。

岡田　投資家や一般の人も混乱しますよね。開示も規制も、やはり1つの法律をつくってほしい。会社法でしか規定されていない監査役がどこまで役割を果たせるか、という問題もあります。

非財務情報の監査と分析は

加藤　このところ、企業法務や会計監査の世界では非財務情報が流行のテーマですが、監査の立場から、2人はどんな思いで見ていますか。

八田　非財務情報の重要性については、もう世界的な潮流になっていますから、積極的に開示することが求められています。そして、そうした情報については、財務情報と同様に不特定多数の人が見ます。

そのため、こうした情報に対しても第三者保証が必要になるはずです。欧米では、こうした保証業務については会計士がかかわるべきといっています。欧米の会計士は新しい業務にチャレンジすることが得意です。また、保証業務が医療や介護といった福祉分野にも広がっています。確かに会計士は監査業務で培ったインデペンデント（独立性）な側面を有しており、また、必ずしもその分野の専門知識はなくても、CPD（継続的専門能力開発）という、継続教育が義務づけられているところがあり、財務情報以外の情報に対しての保証業務を担うのには有利に働きます。

岡田　私も同じ意見です。ただ、保証も大切なのですが、各社の非財務情報を読み解く専門家がいません。サステナビリティやダイバーシティ、人権など幅広い専門知識が求められます。だれかが継続的に見て、比較し、解説してほしいと思います。私は、証券アナリストにその役割を期待しています。アナリストの試験科目に入れるとか、継続的な教育をすればできると思います。しかし、いまのアナリストの多くは株の売り・買いに関する情報に関心が高く、「利益は上がるか」「配当は上がるか」という質問が目立ちます。企業も、非財務情報という形で自分の思いを伝えても、そこで評価してくれないとやる気をなくします。フィードバックがないと改善しないし、成長もしません。

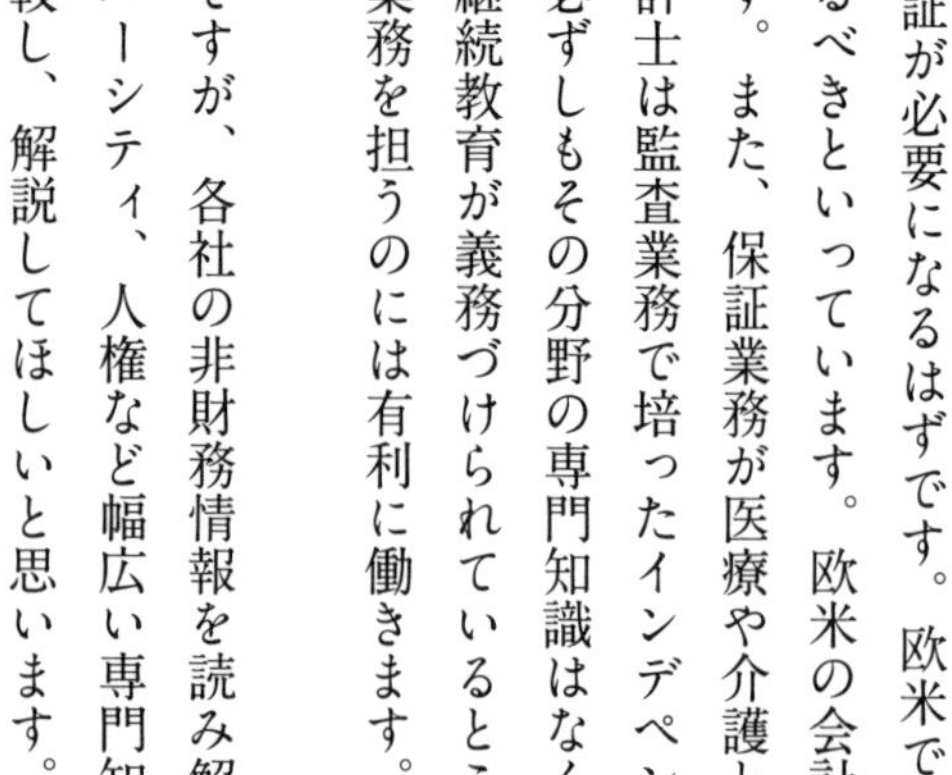

社外取締役は機能している？

加藤　この10年間で社外取締役が急増した半面、本当に役に立っているのかという議論もあります。一方で、2022年6月、東芝の社外取締役だった女性が株主総会で選任されたにもかかわらず、直後に辞任するという驚きの行動に出ました。アクティビストが社外取締役に選任されることに反対したことが理由のようです。社外取締役として自分の意見を貫いたともいえます。

八田　詳細な事情はわかりませんが、選任されたのにすぐに辞任するというのは極めて不可解です。その女性に賛成票を入れた株主に対しては、ある種の裏切りではないかと思います。仮に、辞任を想定していたのであれば、その前に、候補を外れるべきだったのではないでしょうか。ファンド出身の社外取締役が選任されたことで責任が果たせないと判断したのでしょうが、逆に、そうした厳しい環境下で、株主の利益を守るための対応を図るべきだといった考えもあるのではないでしょうか。

岡田　最近はボード3・0とかいって、ファンド（主に海外の機関投資家）から社外取締役を迎える考え方も出てきます。投資家という立場を恐れていればボード3・0はあり得ません。ただ、ファンドは一投資家である以上、他のステークホルダーとの間で絶対にコンフリクト（利益相反）が起きます。

これをどのように解決し、整理できるかが問われると思います。外の目を入れることは必要です。ただ、これまでの社外取締役の中には、研修や教育が不十分な人もいたと思います。果たして監視・監督に必要な知見と高い意識、双方を持った人がどれだけいるのか。

加藤　社外取締役はまだ機能していないとの考えですか。

八田　全体としては、着実に能力は高くなっていると思います。ただ、いくつもの会社の社外取締役を兼任しているケースもあります。

岡田　会社の意識も大切で、以前の職場の三井物産では社外取締役に情報を積極的に流すようにしていました。投資案件についても説明を一緒に聞いていました。社外取締役も自らこれはどうなんだと経営者らに質問し、返答を得るようにしていました。経営側にとっても案件の課題を深掘りできる機会になります。社外取締役を機能させようと思ったら努力が必要です。そして、できれば取締役の過半数は必要だと思います。いまはその準備段階ではないかと考えます。

シンプル・イズ・ザ・ベスト

加藤

ご存じのように政府は社外取締役を積極的に活用しようとしています。まず、2003年に委員会等設置会社（現在は指名委員会等設置会社）をつくり、2015年に監査等委員会設置会社も導入しました。これに古くからある監査役会設置会社を入れて3つの類型があることになります。専門家はいいのでしょうが、素人には名前も似ていてまぎらわしく、不可解きわまりない制度です。

八田

現在の株式会社の機関設計を見ると、本当に、稚拙な議論の結果の妥協の産物だといわざるを得ません。ビジネスに係る制度というのは「シンプル・イズ・ザ・ベスト」だと思っています。シンプルな制度として制定し、あとは各社の創意工夫により必要な諮問委員会などを設置して、より透明性の高い運営をするかはその会社に任せるのです。つまり、法律は最低限遵守するべきことを決めるのが基本です。あれもこれもと細かく決めることで、かえって、形式的かつ画一的な対応しかしなくなってしまうからです。

岡田

委員会等設置会社ができたころから、異なる機関設計の中での制度間競争という言葉を耳にするようになりましたよね。

八田　しかし、これらの制度をどうやって競うのでしょうか。いずれの機関設計が優位だと、どう勝ち負けを決めるのでしょうか。業績での比較はそんなに単純ではありません。不祥事の発覚も同じです。負けたら異なる機関設計に変更するのでしょうか。監査役から監査委員や監査等委員へ、そしてまた監査役へと戻すことを想定しているのでしょうか。本当に馬鹿げています。

加藤　名前も似ていて、わかりにくい。新聞記者でこの3つを説明できる人は少ないと思います。なぜ、こんなことになったのでしょう。

八田　バブル経済が崩壊し、1990年代は失われた10年といわれ、景気も低迷し暗い時代でした。ところが米国はクリントン政権の時代で好景気が続いていました。私は1996年から1997年に米国に留学していましたが、当時、個人投資家の期待利回りが年37％といわれていました。日本はゼロコンマ、何％の世界です。日米の企業で何が違うのか。株式会社の経営層のあり方、具体的には取締役の制度のあり方にあるのではないか、モノをいう社外取締役がいて、会社の業務執行を監視し、企業価値を高めるのに貢献していると、制度にかかわる関係者は受け止めたようです。

加藤裕則氏

加藤　アメリカは進んでいたのですね。

八田　実態は必ずしも進んでいたとはいえません。1998年、クリントン政権下で米国証券取引委員会の委員長を務めたアーサー・レビット氏が「ザ・ナンバーズ・ゲーム（会計上の数字合わせ）」という講演をしました。当時、好決算を出す企業、それでもうけている投資家やアナリストたちがたくさんいました。しかし、レビットは、当時の公開会社の中には、粉飾とはいわないが、極めてグレーな会計処理も混じっていることに警鐘を鳴らしたのです。その後、エンロン事件が2001年秋に発覚し、米国は企業の内部統制の強化に向けて大きく舵を切ります。

岡田　アメリカの制度設計も万能ではなかったということですね。

八田　そのとおりです。日本はアメリカの制度をやみくもに、慌てて導入しました。それが委員会等設置会社、いまの指名委員会等設置会社です。それも監査、報酬、指名の3つの委員会の設置を義務づけ、そこでの決定が取締役会の議決に関係なく、株主総会の議案となることにしました。そもそも当時、米国で義務づけられていたのは監査委員会のみでした。

岡田　そうですよね。

八田　アメリカでは各委員会は、取締役会の下部機関で、決定権は取締役会にあります。極めて異質な機関設計だと思っていたところ、案の定、日本の上場企業でこの指名委員会等設置会社に移行する企業はわずかでした。明らかに制度上の大失敗です。

加藤　確かに指名委員会等設置会社のことをアメリカ式制度といっていました。残念なことに移行する会社がわずかで、そこで、新たに社外取締役を活用する制度として監査等委員会設置会社に向けた議論が始まりました。

八田　この「監査等」委員会の「等」は、監督を意味します。監査等委員には、監査と監督の双方が求められています。注意しなければならないこととして、監査の前提として、監査をする人は、執行にかかわる意思決定や判断そのものには関与をしないことが挙げられます。それは自己監査することになるからです。一方で、監督とは、意思決定や判断に深くかかわることです。監査等委員会設置会社の取締役会は、マネジメント型とモニタリング型の両方の性格、もしくは中間などともいわれています。マネジメント型は監査役会設置会社に合った日本企業の伝統的な制度で、社内出身の取締役が多数を占め、業務執行にかかわる意思決定をする場です。したがって、監査等委員会設置会社は、監査理論のうえでは完全に矛盾しているといわざるを得ません。自分自身が下した決定事項を自分で監査することになりかねません。監査等委員会設置会社の場合、取締役会の構成員の中で、他の取締役の任期が1年なのに、監査等委員の任期が2年ということも理解に苦しみます。

岡田

3つの類型を1つにまとめるべきだと考えます。スチュワードシップ・コード及びコーポレートガバナンス・コードのフォローアップ会議で「1つにまとめるべきだ」といったら、別のメンバーからも賛同する意見が出ました。当時、私は監査役会設置会社が念頭にあったのですが、そのメンバーの頭の中にあったのは、指名委員会等設置会社だったようで、同床異夢ではありました(笑)。しかし、最近、こう考えています。上場企業の場合、社外取締役が過半数で、かつ、お飾りではなく機能するようになった場合は、指名委員会等設置会社に1本化すべきだと。

加藤

日本監査役協会の松野正人会長にインタビューしたところ、「グローバリズムの中での企業統治と日本流の伝統的な仕組みを考えた場合、現時点においては監査等委員会設置会社が日本企業にあった機関設計ではないか」と述べていました。松野会長は日本製鉄の監査等委員でもあります。

八田

日本監査役協会も、岡田さんのあと、2代続けて、監査等委員会設置会社の監査等委員に就任されている方が会長になっていますね。監査等委員会設置会社についての評価は、研究者の間でも意見が分かれています。指名委員会等設置会社はハードルが高く、監査等委員会設置会社であれば、現行の監査役会設置会社からの移行が容易であるということで、評価する方もいます。しかし、そもそもが、この監査等委員会設置会社は、指名委員会等設置会社に移行するまでの、過渡的なものとして説明されている面があり、そこに大問題があるといえます。

岡田 会計基準もそうですが、日本は複数つくってしまいます。多神教の文化といわれる社会です。だからできるのでしょうか。器用なのかもしれません。

八田 懐が深いのでしょう（笑）。内部統制制度も似たところがあります。エンロン事件の反省から米国では財務報告の透明性や正確性が強く求められました。そこで内部統制の拡充を求めた米国のサーベインズ・オクスリー法が2002年7月にできました。日本でもこれを参考にし、私もかかわったのですが、財務報告に係る内部統制報告制度を2008年4月にスタートさせました。一方で、欧州にはこのような内部統制制度はありません。その中で日本はさらに、2014年にスチュワードシップ・コード、翌年にコーポレートガバナンス・コードと、2つのコードを導入しました。こちらは英国のコードを参考にしています。アメリカ型の内部統制と、イギリス型のガバナンス、両方を採り入れて、よい企業組織にしましょうということです。これ自体悪いことではありませんが、ただ、企業の方は、よく股裂きにならないと思いますね（笑）。

不正とアカウンタビリティ

加藤　制度はいろいろできましたが、三菱電機や東レなど、いまも品質・検査に関する不正がやみません。

岡田　品質不正が発覚した企業の報告書を読むと、工場の検査をやる部署が、その工場長の支配下にあるという事例がありました。検査はやはり、工場組織とは離れた本社サイドでやるべきでしょう。あとは人材のローテーションが行われていなかった。なぜ、こんなことになるのか。監査役が隅々まで目を配るのは不可能です。役割の1つとしては、内部通報制度を徹底させることが大切です。ただ、内部通報制度こそ、信頼が大事です。まともに取り上げられないとわかると、だれもいってきません。監査役が頼るのは、内部監査部門と内部通報制度だと思います。監査役が経営者ら執行部門とグルになって問題を打ち消すと思われている企業もあるかもしれません。監査役の普段の活動や姿勢を見せれば、いつかは変わると思います。不正や不適切な運営は、どこの工場、どの組織にでもあるのです。

加藤　「品質には問題なかった」との弁解をよく耳にします。取り決めた規準が必要以上に厳しかったことが要因として挙げられることもあります。

八田　それは規準を変えるべきです。不要な規準をそのままにしておくことは問題です。

岡田　ただ、組織の中にいると、規準を変えることは並大抵のことではないのかもしれません。そこに官公庁も絡むと大変な作業が待ち構えます。

八田　確かにそういう面はあるでしょう。しかし、その厳しい規準を謳い文句にして営業活動をし、契約してきたのではありませんか。そこは決して許してはいけません。

加藤　最近、日野自動車のデータ不正が問題になっています。

八田　日野自動車も経営陣を全面的に入れ替えるべきだと考えていました。結果的に、12人中4人が辞任し、4人の社外と非常勤の取締役のほか、昨年にトヨタ自動車からきて社長になった小木曽聡社長らも報酬減額の処分を受けました。ニュースになるような大企業の場合、若い優秀な人材は山のようにいるものです。不祥事で社長や会長だけがやめるだけでは不十分です。副社長や常務らも社長・会長の息のかかった人たちです。できる限り総入れ替えすべきです。

加藤　なぜ不正は後を絶たないのでしょうか。

八田　私の専門とする会計の世界では、「アカウンタビリティ」という言葉をよく使います。企業の活動や業績をだれでもわかる数字を使って示し、株主総会で承認されてはじめて経営者はアカウンタビリティを果たしたことになります。もともとは信頼し得るディスクロージャー、つまり、真実の情報を適時・適切に開示して、利用者の意思決定を手助けすることです。私はこのアカウンタビリティの概念の欠如が、不正の一因ではないかと思っています。

加藤　アカウンタビリティ、説明する責任のことですね。

八田　そうです。責任感の強い日本人は、レスポンシビリティ（執行ないし履行する責任）については、皆、厳格に果たしていると思います。しかし、アカウンタビリティ（説明責任）についてはどうでしょうか。履行するだけでなく、結果ないし顛末を正しく説明するアカウンタビリティを果たすことで、負っている責任を解除してもらうのです。アカウンタビリティはすべての業務や任務について回るものだと考えています。与えられた仕事を適切に処理し、時にはデータをもってその証を示す。様々な不正は、当事者がこのアカウンタビリティの意識を持っていないため、もしくは履行していないために起こっているのではないでしょうか。特に経営を任された経営者にとっては、アカウンタビリティの履行が極めて大事です。会計の本質もここにあります。説明すること、報告すること、さらにはそれらに対し責任を負うことなのです。

加藤　アカウンタビリティとは社会に対する責任のような気がしました。不正のほか、パワハラとか過労死においても企業が社会から批判されています。これらの防止こそ、私は監査役の役目ではないかと感じています。

岡田　監査役が真剣にやり出したら幅広い分野の仕事があります。働きやすい環境で従業員が力を出せているのか。パワハラやセクハラを起こさないような体制になっているのか。従業員や取引先が抑圧されていないか。人事で不利益なことが起きていないか。これらのことは基本的には経営陣が取り組むことではありますが、不正のトライアングル（動機・プレッシャー、機会、正当化）の3要素はどこにでもあります。例えば、「こんなにハードワークなのに残業代が出ない。ちょっとぐらいごまかしてもいいや」となります。監査役はみんなに「幸せですか。仕事は社会のためになっていますか。自分自身のためになっていますか」と問うように仕向けないといけません。年上だろうが、年下だろうが、いうべきことはいうという社風も必要です。

ゴーン事件に見る組織のトップ、監査役の役割

加藤

この数年、監査役の活躍が目立ってきたように感じます。不正をただすことにつながっているケースもあります。ただ、私自身の中で整理できないことがあります。カルロス・ゴーン元会長による日産自動車の事件です。実は1人の社内出身の常勤監査役が問題意識を持ってゴーン元会長の動きを調べていました。ただ、他の監査役には知らせず、旧知の2人の幹部社員と情報交換し、結果的に弁護士のすすめもあって、東京地検特捜部に持ち込み、違法性の判断をゆだねました。コーポレート・ガバナンスの問題だと思いますが、国家権力に任せてよかったのかという疑問です。

八田

監査役制度は独任制といわれています。つまり、個々の監査役が自ら監査を行うことが基本です。他の監査役が反対しても、自分が正しいと思えば、それで突き進むことができます。同じ常勤の監査役であったとしても、心底信用できなければ、打ち明けることはしないでしょう。一方で、単独で動いている間は、なかなか大きな力にはならないことも想像できます。他の監査役を説き伏せることはできなかったのか。そこは本人に聞いてみないとわからないことですね。

岡田

監査役が東京地検に持っていったことですが、監査役がどうのこうのというよりも、広い意味での

公益通報をしたとも考えられます。事案から見て、法の規定どおりに取締役会に報告するかどうかは、かなり悩ましいことです。もちろん、東京地検に持ち込み、事件化した場合、会社に大きな損害を与える可能性、つまりレピュテーション・リスクのこともありますが、私は今回の件は許容される範囲だと思います。内容が内容ですからやむを得ないと考えます。マネジメント・オーバーライド（経営者が内部統制を無視すること）が起きた場合、どうするか。その問題を突きつけた事件です。

八田　低迷していた日産をV字回復させたときのテクニックもそうですが、ゴーンさんは会計とディスクロージャー（開示制度）について相当勉強しています。だから、報酬の開示についても、その影響力を計っていたと思います。ゴーンさんの一番の失敗は、トップの立場に長く居座りすぎたということ。20年近く権力の座にあったのですよ。強いリーダーがいると意思決定が早く、悪いことばかりではありません。半面、長い期間、権力を持つと必ず組織は腐ります。取り巻きがイエスマンしかいなくなるのです。組織のトップに求められる資質の1つは、自分を厳しく律することです。任期を区切ることも1つの方法です。

加藤　日本大学の事件などもこうした例ではないでしょうか。

八田　そうですね。そういえば新聞で読みましたが、日本大学の理事長に就いた林真理子氏が、途中段階で、自己採点で65点といっていましたが、本当でしょうか。女性を登用したり、前任の田中英寿体制で冷や飯をくらった人を戻したりしていると書いていました。半面、忙しすぎて、キャンパスを回って学生や教員と対話することが十分にできていないとも。間接的な話ではなく、現場を自分の目でしっかりと見るためにも、できる限り多くの職場や部署を回って自分の目で確かめてほしいですね。任期の4年間、理事長業務に集中したいともいっていますが、ぜひそうしてほしい。

岡田　その勢いでやることをやって、やり尽くしたと思ったら潔くやめることが理想ですね。

八田　非営利法人であれ営利法人であれ、組織を健全に運営させるために重要なのは健全なガバナンスです。理事長や代表取締役といった「船頭」のかじ取りをチェックする必要があります。それには業務執行のグループと監視・監督のグループを分け、後者が前者をしっかりと見ないといけません。監視役として期待されるのが、学校だと理事会、会社だと取締役会です。日大や日産の場合、この理事会や取締役会が機能していたかというと極めて怪しい。

岡田　どちらもトップに権限が一極集中する構造ができ上がっていたのではないでしょ

うか。

八田　実は、学校法人のガバナンスに関する議論に岡田さんとともに加わったのですが、公益法人など日本の非営利組織のガバナンスは、監査役制度を踏襲しています。それが監事制度になっているのです。では、監事をだれが選ぶかとなると理事会が選び、最終的に理事長が任命しているのには驚きました。理事長の職務執行を監視する監事を理事長が決めるというのですよ。あり得ない話です。企業もいろいろ問題がありますが、この十数年、様々な改革が実施されてきましたが、株式会社以外の組織は驚くほど遅れています。

監査役がいるから経営者は存分に戦える

加藤　監査役の仕事の領域が広がっているようですが、報酬をどのように考えますか。

岡田　報酬は大切です。その高い低いで、その会社が監査役にどのくらい期待しているのか、どのくらいがんばってもらいたいと思っているのかがわかります。常勤の監査役を見ると、執行役員の水準です。私は、常務クラスの水準が適正だと思います。私は副社長から監査役になりましたが、現実的には、社内のどのクラスの人がなるかで違うと思います。

八田　この十数年、監査役の責任が高まり、業務量も著しく増えています。責任も問われずに「閑散役」と揶揄《やゆ》された時代もありましたが、いまはまったく違います。法制度の改正でどんどんやることが増えています。代表取締役や監査法人、内部監査部門との意見交換など実働時間がものすごく増えています。それなのに報酬はほとんど変わっていないのではないでしょうか。業務量と責任が大きくなり、法的に見ても、取締役と同じリスクを抱えているのですから。

加藤　では、監査役はその増えた業務や使命を果たしているのでしょうか。

岡田　平穏無事を願っている人もいると思いますよ。例えば、「同期の人が辞めている中で、4年伸びてラッキー」みたいに考える方もいる。そんな意識でやっていても、会社は変わりません。監査役というのは会社にとってとても大切な存在だと、日本監査役協会の会長をやって身にしみて思いました。監査役がやらなくてだれがやるんだということはいっぱいあります。もっと監査役ががんばらないといけません。常勤監査役は社内の情報に触れる機会が多く、それを集めることができます。法制度で調査権を持っているのです。その権限を行使している人はどのくらいいるのか。不祥事が発覚した大企業で、社外取締役や社外監査役に、いわゆる財界のお歴々の方々の名前を見ます。「僕たちには情報がこなかった」とうそぶいています。不祥事はどこの企業でも起こります。それを経営者は事前に防ぐ仕組みをつくらなければなりません。その1つが、監査役を機能させることです。

八田　取締役は企業の健全な経営を目指し、収益を上げ、企業価値を高める責務がある。監査役はそのすべてを見届けなければいけません。とても大きな仕事です。ただ、監査役とて全知全能ではありません。システムとして、仕組みとして活用できるリソースを駆使して監視します。内部統制の有効性を見ていくのがそれにあたります。そうしないと経営者は世界に伍して戦えないのです。

加藤　経営者を監視するというよりも、「後ろは俺に任せろ。全力を出せ」と経営者を鼓舞する側面もあるのですね。

岡田　監査役は、株主に選ばれているという自覚をもっと持たないといけません。「社長がいやな顔をするから…」いやちょっと待てと、その前に株主がどう思うかを考えてほしいです。あるいはステークホルダーがどう思うかでもいいです。こんな面白い仕事はないでしょう。以前、新聞社の論説委員の方に「監査役のヒーローはいないんですか」と聞かれたことがありました。私は「ヒーローはいらない」と申し上げ、「曲突《きょくとつ》徙薪《ししん》」のことを説明しました。監査役や管理部門の役割はそういうものです。ぜひ、監査役には自信を持ってほしい。何も起きない方がいいんです。ちゃんとやっていることの証なのですから。何もないことに誇りを持ってほしいです。

加藤

不祥事を追及した監査役に話を聞く機会がありました。スキル・マトリックスについて話題が及んだとき、監査役に必要な資質を聞いてみると、その人は「勇気」といっていました。なるほどな、と思いました。

八田

私は気概と矜持という言葉が好きです。ぜひ、監査に携わる人に持ってほしいと思います。

岡田

「曲突徙薪は恩沢《おんたく》なく、焦頭爛額《しょうとうらんがく》を上客となすや」ということを考えますと、決して日の当たる仕事ではないかもしれません。でも、私はそれでよいと思うのです。

あとがき

「主権者はだれなのか」

2023年2月25日、日本ガバナンス研究学会の公開シンポジウムが都内で開催された。冒頭の特別講演において、学会会長で弁護士の久保利英明氏は「主権者」という言葉を使って会社のガバナンスを説明した。「ガバナンスを考える場合、だれが主権者かということをしっかり認識しなければならない。主権者のために失敗しない、たとえ失敗してもすぐに立ち直る復元力を持つために、主権者の代理人である取締役が業務執行者をgovern（統治）するのです」と説明した。

業務執行者とは、社長もしくはCEO（最高経営責任者）のことだ。そして、主権者とは、一般的には株主のことを指すと思われるが、ときには消費者や従業員らも絡んでくるようだ。日本国の主権者は国民だ。憲法第一条に書かれている。しかし、会社法に、会社の主権者は誰かという記述はない。久保利氏が言うように、主権者とは誰なのか、と考える行為が大事なのではないかと感じた。

久保利氏はまた、こうした図式をマスコミが理解していないのではないかと話した。マスコミはコーポレート・ガバナンスを企業統治と記載するが、企業統治は「誤訳だ」と指摘する。企業統治という言い方では、社長やCEOといった経営者が企業という組織を統治する意味にとられてしまう。「（日本のマスコミは）社長が企業をgovernするものだと思っている。だからコーポレート・ガバナンスの議論が思うように進展しないのではないか」と語った。

不祥事の絶えない日本企業。多くの問題点を抱えており、ガバナンスを見直ししなければいけない大変な時期に来ているのではないだろうか。

本書はこうした問題を念頭に、非財務情報や社外取締役、政策保有株などコーポレート・ガバナンスのテーマごとに、岡田氏の主張を紹介し、その背景や課題について加藤がまとめ、それをさらに岡田氏が修正した。岡田氏の主張は、久保利氏のいう「主権者はだれか考えてほしい」という提言と相通じている。久保利氏の主張を総論とすれば、本書（岡田氏の訴え）は各論の紹介と言える。

例えば、「監査役はだれが決めるのか」を取り上げた。もちろん、形式的には「主権者」である株主が総会で選ぶ。しかし、実態は社長やオーナー、親会社だ。自分に都合の良い人物を推す可能性はぬぐいきれない。この選考過程に監査役を存分に絡ませることで客観性や透明性を確保し、「主権者」ともいえる株主らの期待や負託に応えようとしている。

監査役の知名度が低いことも問題視した。これは、監査役自身が主権者のことを意識していない可能性がある。今の監査役にとって、主権者は社長なのかもしれない。

「上場子会社」を親会社がどこまで支配できるのか、という問題も取り上げた。上場している以上、主権者は親会社だけではない。一般株主もいれば、株式市場の規範にも縛られる。主権者は多様だ。

以前、岡田氏にインタビューしたとき、久保利氏と同じような言い回しを聞いた。

「監査役が社長しか見ないようでは仕方がない。監査役はステークホルダーのためにいるんだ。株主に選ばれているという自覚をもっと持たないといけない。社長がいやな顔をしても、ちょっと待てと。その前に株主がどう思うか、あるいはステークホルダー全体がどう感じるか、と問わなければならない。本気でやれば、こんなにおもしろい仕事はないよ」。監査役が、主権者は誰かを意識したとき、その力は法が想定した通りの力を発揮するのではなかろうか。

最後に、本書の執筆にあたって、大原大学院大学教授・青山学院大学名誉教授の八田進二氏には、岡田氏との対談だけでなく、いろいろな面でご指導およびご協力をいただいた。また、弁護士の遠藤元一氏には法制度の解釈について、本書の全体にわたって貴重な助言をいただいた。日本コーポレート・ガバナンス・ネットワーク（理事長：牛島信弁護士）、日本監査役協会や日本公認会計士協会のほか、関係団体、そして多くの大学教授、弁護士や公認会計士の方々には、いつも丁寧に取材に応じてもらい、助言をいただいている。初歩的な質問を繰り返す私に嫌な顔をせずつき合ってくれる。ここであらためて感謝申し上げたい。専門家でもないただの新聞記者が挑んだ本で、もしかしたら不自然な解釈や誤解もあるかもしれない。それでももし、この本に価値を見出していただけたのなら、このような方々のおかげであることにほかならない。

岡田氏と出会い、この本を構想してからすでに3年が経過してしまった。動き出したのは2020年の初めだが、私の人事異動やコロナ禍もあって遅れに遅れてしまった。ここまで時間を要したのは、私の能力の問題と怠慢以外の何ものでもない。本書の完成まで、同文舘出版取締役の青柳裕之氏には、頭が上がらないほど世話になった。

この3年余り、岡田氏には何度もインタビューを引き受けてもらった。数時間の取材を終え、私の職場近くにある東銀座の庶民的なおでん屋で食事したことがあった。黒っぽい関東風の煮詰めた具材で、手頃な価格のよく利用する店だ。「庶民的な店でいいですか?」と元グローバル企業のＣＦＯということで気を遣ったが、「何をいうんですか。私は庶民ですよ」と即答された。ちょっとうれしくなった。そして、自分がなぜ、岡田氏に何度もインタビューをしたくなったのかわかった気がした。

会社法や会計監査、コーポレート・ガバナンスなどの議論はどんどん専門的になり、一般市民や労働者の声がどこまで入っているのか、ときどき疑問に感じる。極端な言い方だが、真の主権者は生活する市民ではないか。その市民社会のためのコーポレート・ガバナンスであってほしい、そして監査役はその要であってほしい。

加藤　裕則

【著者紹介】

岡田　譲治（おかだ・じょうじ）

1951年10月10日生。

1974年3月横浜国立大学卒業、同年4月三井物産株式会社入社。

2014年4月同社代表取締役副社長執行役員CFO、2015年6月同社常勤監査役（2019年6月退任）、2017年11月公益社団法人日本監査役協会会長（2019年11月退任）。2023年6月一般社団法人日本公認不正検査士協会理事長。

太陽有限責任監査法人経営評議会委員（2019年10月～）、日本航空株式会社社外監査役（2020年6月～）、金融庁スチュワードシップ・コード及びコーポレートガバナンス・コードのフォローアップ会議メンバー（2020年10月～）、日本取引所自主規制法人外部理事（2020年10月～）、日本電気株式会社社外取締役（2023年6月～）。

これまでに、IFRS財団評議員、金融庁企業会計審議会委員、文部科学省学校法人ガバナンス改革会議委員、財務会計基準機構評議員、日本証券業協会自主規制会議副議長・公益委員、横浜国立大学理事などを歴任。

加藤　裕則（かとう・ひろのり）

朝日新聞社記者

1965年10月5日生。

1989年3月に岩手大学を卒業、同年4月株式会社朝日新聞社に入社。地方支局のほか、東京、名古屋、大阪、福岡の経済部で経団連やトヨタ自動車などを担当する。2014年9月から3年半、宮城県の石巻支局員で東日本大震災の復興の取材にあたったこともある。

著書に『会社は誰のものか―経済事件から考えるコーポレート・ガバナンス―』（彩流社、2020年）、『震災復興10年の総点検』（共著、岩波ブックレット、2021年）、『監査役の覚悟』（共編著、同文舘出版、2016年）などがある。

【協力】

八田　進二（はった・しんじ）

青山学院大学名誉教授、大原大学院大学会計研究科教授、
博士（プロフェッショナル会計学・青山学院大学）。

2023年10月10日　初版発行
2024年11月８日　初版４刷発行　　　　略称：監査役の矜持

監査役の矜持
―曲突徙薪《きょくとつししん》に恩沢《おんたく》なく―

著　者　岡田譲治
　　　　加藤裕則
発行者　中島豊彦

発行所　同文舘出版株式会社
東京都千代田区神田神保町1-41　〒101-0051
営業（03）3294-1801　編集（03）3294-1803
振替 00100-8-42935　https://www.dobunkan.co.jp

Printed in Japan 2023　製版：朝日メディアインターナショナル
印刷・製本：萩原印刷
装丁：オセロ

ISBN978-4-495-21054-0